숙덕숙덕 사모의
그림자 탈출기

숙덕숙덕 사모의
그림자 탈출기

김화숙 지음

"사람을 해방하고
구원하는 게 예수 복음
아닌가요?"

생각비행

| 일러두기 |

1. 숙덕은 숙과 덕, 우리 부부의 이름을 더한 것이며, 본문의 인명은 모두 가명이다.
2. 선교 단체 사람들의 호칭은 '목자'로 통일했다.
3. 성경 본문은 개역개정판을 따랐다.

"그 누구도 다시 여러분에게 종의 멍에를
씌우지 못하게 하십시오!"

- 갈라디아서 5장 1절(메시지 성경)

프롤로그

나는 왜 쓰고 싶지?

"죽기 전에 꼭 하고 싶은 일 1번은?"
한 강좌에서 버킷 리스트를 적고 이야기하는 시간이었다. 나는 몇 개 적다 말고 '꼭 하고 싶은 일 1번'으로 질문을 바꿔 버렸다. 가장 절실한 소원 하나를 먼저 이루자는 고집이었다. 20년도 더 전의, 내 인생 '하프 타임' 초기, 백수로 살 때였다. 전반 40년 인생과는 다른 후반부를 살고 싶었다. 아무리 생각해도 글쓰기 말곤 절실한 게 없었다.

사회복지사로 일하는 미자립 가정교회 목사 사모. 이게 40대의 내 사회적 이름이었다. 가끔 '애 셋 딸린'이란 수식어도 붙었다. 그 시절 글쓰기는 내 은밀한 이름이었다. 책을 읽고 글을 쓰며 스스로를 예술가, 작가라 여겼다. 돈 안 되는 글쓰기를 돈도 없는 사람이 하자니 만만한 일이 아니었다. 목구멍까지 질문이 차오르곤 했다. 나는 왜 굳이 굳이 글을 쓰고 싶은 걸까? 왜 이런 고생을 사서 할까? 50대가 된 후 어느 날 책상 앞에 써 붙였다.

나는 왜 쓰고 싶지?
내게 말할 기회를 주고 나와 화해하고 싶어서.
사람들과 소통하고 연결되고 싶어서.
내가 살고 싶은 세상으로 한 걸음 더 나아가고 싶어서.

가슴에 와글거리는 할 말 때문이었다. 활달하고 말 잘하는 겉모습과 달리 나는 진짜 하고 싶은 말은 못하고 살았다. 사람들 사이에서 상처받으면 문제를 나에게서 찾고 자신을 탓하곤 했다. 내 감정과 성격을 드러내기보단 남에게 맞추는 게 미덕인 줄 알았다. 문제는 어떤 생생한 기억이었다. 불쑥 떠올라 나를 따라다니는 기억 때문에 점점 더 말하고 싶었다. 누구에게 어떻게 말해야 할지 방법을 몰랐다. 글쓰기로 가는 길밖에 없었다.

60대 목사 사모가 그 버킷 리스트 1번을 이루었다면 너무 거창한가? 그렇게나 절실하게 말하고 싶던 걸 썼다. 《숙덕숙덕 사모의 그림자 탈출기》란 제목은 이스라엘 민족의 이집트 탈출기Exodus에서 따왔다. 영화 <쇼생크 탈출>도 좋다. 노예의 삶도 감옥살이도 인간의 현실인 동시에 인간 실존의 은유다. 그래서 탈출기는 구원과 해방의 문학이다. 이 책은 한 여자가 침묵과 복종의 그림자를 벗어나 자기 목소리를 찾아가는 이야기다.

브런치에 <숙덕숙덕 사모가 미쳤대>로 연재한 덕분에 꼬박꼬박 원고를 쓸 수 있었다. 간암 수술과 갱년기를 지나며 자기 주도적 자연 치유를 택한 게 어느새 10년 전 일이다. 가족력 B형 간염 보유자가 항체를 얻고 삶을 바꾼 이야기는 전작 《내 몸은 내가 접수한다》에 자세히 나온다. 이 탈출기는 그 책의 프리퀄인 셈이다.

내 인생 변곡점인 2002년에서 1장이 시작된다. 여자 나이 마흔에 인생 전반전 종료 휘슬이 울린다. 후반전은 어떻게 할 것인가 질문한다. 2장에서 사랑과 헌신의 아이콘 30대 목사 사모 이야기로 전반전 경기를 되돌아본다. 3장은 1980년대 한국 사회와 선교 단체를 배경으로 좌충우돌하는 20대 여자의 사랑과 열정을 볼 수 있다. 지금 아는 걸 그때도 알았더라면! 그때나 지금이나 우리 사회에 만연한 여성 혐오와 가스라이팅을 보여 준다. 4장에서 시간은 새천년으로 돌아가 하프 타임이 계속된다. 여자는 익숙한 것들을 의심하며 다시 묻고 공부한다. 예술가, 사회복지사, 미자립 교회 사모는 자기 주도적으로 세상을 탐색하며 자기 목소리를 찾아간다. 5장은 50대 이후 본격 후반전 이야기로, 2014년 암 수술 이후 판이 뒤집힌 새 삶의 면면을 보여 준다. 《내 몸은 내가 접수한다》에 다 싣지 못한 새 몸 새 길 이야기, 매체에 쓴 글, 그리고 지금 여기서 사랑하고 행동하는 중년의 목소리다.

내 가슴은 여전히 말한다. 아직 할 말이 있고 할 일이 많다고. 살고 싶은 나라, 하나님 나라를 상상하며 꿈꿀수록 그렇다. 내가 겪은 부당한 일을 내 딸과 다음 세대는 겪지 않기를 소망하며 나는 쓴다. 어딘가에서 가슴에 할 말을 묻어 두고 사는 이들을 생각하며 쓴다. 이제 더는 그 누구도 사람에게 종의 멍에를 씌우는 일을 보고 싶지 않다. 하나님의 이름으로도, 교회의 이름으로도, 사랑과 권위의 이름으로도, 국가의 이름으로도. 내가 그랬듯 젊은이도

늙은이도 넘어지고 시행착오를 겪을 수 있다. 중년에도 노년에도 삶은 같은 날이 없고 하루하루가 새로운 선물이다. 내가 납작한 자아로 살 때는 이런 놀라운 중년의 삶을 상상하지 못했다. 그래서 지금 여기서, 누구라도, 함께 새 꿈을 꾸자고 손 내밀며 또 쓴다.

2024년 6월 안산에서
꿀벌 김화숙

차례

■ 프롤로그 나는 왜 쓰고 싶지? _6

1장 2002
전반전 종료

사모님은 궁금해하지도 묻지도 마시라 _16

순진했던 난 이제 없어! _22

2장 1990~2002
사랑과 헌신의 배신

우리 결혼 없던 일로 해요 _28

질문 여자 눈물 남자 _35

꿀벌이면 나는 자유로울 수 있을까? _41

사랑 안에 두려움이 없고
  -생각하는 사람, 스물여덟 살 숙에게 _47
빈이 어쩌고 베를린이 저쩌고 _54
그때는 맞고 지금은 틀린 _62
두 번은 없다, 자유와 연대의 나라 폴란드 _72
바르샤바여 안녕! _79
중고 세탁기와 사모 선서 _83
주의 종에게 아기띠를 하게 하냐고? _90

3장 1982~1990
그때도 알았더라면

나를 뭐로 보고 감히 이딴 편지를! _99
아뇨, 저도 소주로 주세요 _104
엄마야 나는 왜 갑자기 울고 싶지 _110
사마리아 왕언니 _116

여우가 범의 허리를 끊었다 _124

부끄러움의 예감, 1987년 봄 _133

보도지침 또는 소감지침 _144

너희가 아골 골짜기를 알아? _151

영적 훈련을 빙자한 가스라이팅 _158

알고 싶어요, 베를린에서 _165

그때 그 원피스 _175

4장 2002~2014
하프 타임: 새 언어를 찾아서

새천년 새 희망 하프 타임, 내 이름은 프리랜서 _182

강도 만난 사람, 사마리아 사람 그리고 사회복지사 _189

여그 여그 수놈들 좀 많이 보내 봐 _198

아티스트 웨이, 나는 예술가 _206

예수, 종교를 비판하다, 결혼을 흔들다 _214

그 사람 다시는 우리 집에 못 오게 해! _224

51세 아줌마의 일기장 훔쳐보기 _231

5장　　　　　　　　　　　　　　　　　　2014~2024

후반전 작전명: 판을 엎어라!

하프 타임이 끝났다 _239

살불살조, 화숙이는 복도 많지 _246

고개, 숙이거나 빳빳이 들거나 _254

아하! 그래서 내가 아프구나 _259

뻔뻔함이 우리를 치유하리라 _263

4월엔 별과 함께 춤을 _267

나? 보노인네 조모해 _270

■ 에필로그 소원을 말해 봐! _276

사모님은 궁금해하지도 묻지도 마시라

경상도 우리 고향 사투리로 '알분시럽다'라는 말이 있다. 말을 빨리 배운 아기가 또박또박 자기 생각을 표현하면 어른들이 그랬다. "아이구, 알분시럽데이!" 쑥스러워하지도 주눅 들지도 않거니와 논리적인 주장까지 해대는 꼬마라면 이런 소리도 들었다. "요 알분단지를 누가 당하겠노." 유년 시절 내 별명이 바로 '알분단지 차단지'였다. 쉼 없이 질문하고, 자기 생각을 말하고, 보이는 게 다 궁금한 아이에게 하루해는 늘 '넉 점 반 넉 점 반' 짧기만 했다.

그러나 세상은 호락호락하지 않았다. 커갈수록 나를 야단치는 소리가 있었다. "가시나가 자꾸 나댄다고 사람들 욕하는 걸 왜 모르노! 가만히 좀 있어라." 학교에서 공부 잘하고 인정받는 내게 엄마는 "여자도 배워야 인간 구실한다."라며 좋아하다가도 한숨 섞어 말하곤 했다. "똑똑하면 미움만 받지. 여자는 얌전하고 남편 잘 만나는 게 최고 복이다." 교회에서는 "여자는 조용하라."라고도 했다.

어른이 되고 알분단지 차단지를 오랜 세월 잊고 살았다. 그러던 어느 날, 뜻밖의 장소에서 그 아이를 다시 만났다. 마흔 번째 생일이 며칠 지난 2002년 2월 하순이었다.

말 못 하고 죽은 귀신

월요일 오후 안산 집에서 출발해 전철로 종로5가까지 가는 두 시간 동안 무척 피곤했다. 모처럼의 서울 콧바람이라는 설렘도 잠시, 금세 눈이 감기고 이리저리 몸이 흔들렸다. 아침부터 종종거리긴 했지, 졸면서도 이 잠깐의 쉼을 달콤하게 즐기려 애썼다. 새천년 들어 계속 불화한 단체 분위기를 제대로 들을 기회 아닌가. 잠시 눈 붙이고 맑은 정신으로 대화할 수 있으리라 기대했다.

저녁 약속 장소인 마당 있는 한옥 앞에서 짝꿍 덕이 기다리고 있었다. 그날따라 회의가 오전 오후 종일 이어져 조금 전에야 빠져나올 수 있었단다. 솟을대문을 들어서니 참기름 향내며 전 부치는 냄새가 솔솔 났다. ㅁ자 마당을 빙 두른 방마다 툇마루가 이어져 있고 댓돌이 가지런히 놓여 있었다. 처마에서 떨어지는 물방울 소리가 듣기 좋았다. 방문이 하나 열리며 선교 본부의 A가 우리를 맞았다.

"사모님 먼 길 오시느라 수고 많으셨습니다."

"초대해 주셔서 감사합니다, 목자님."

친절하고 의례적인 인사를 주고받으며 이 식사 자리의 의미를 계속 생각했다. 친한 동료 부부가 밥 한 끼 먹는 가벼운 자리는 아닐 것이다. 그는 우리보다 거의 스무 살 연장자에 단체의 최고 리더, 우리를 폴란드에서 한국으로 불러들인 의사결정권자였다. 그와 우리가 마주 앉은 건 6년 전 귀국 때 이후 처음이었다. 그가 동부인하지 않은 탓에 세 사람 식사 자리가 새삼 낯설었다.

"어려운 때에 사모님이 애들하고 수고가 많으시죠?"

그가 아이스 브레이킹으로 애들 이야기를 하는 게 달갑지 않았다. 내가 세 아이와 얼마나 바쁘게 사는지, 세 돌

된 막내가 엄마와 얼마나 떨어지기 싫어하는지 이야기하고 싶지 않았다. 큰 애들 학교 보내고 이웃 할머니께 막내를 맡기고 대학생 은아와 성경 공부까지 한 오늘 오전에 대해서도 말하지 않았다. 초등학교 4학년, 3학년 두 아이를 기다리며 내가 얼마나 점심을 부리나케 먹었는지, 저녁 챙겨 두느라 얼마나 땀 흘리고 나왔는지도 언급하지 않았다. 대신 만면에 미소를 띠며 조용하고 부드러운 목소리로 답했다.

"아니에요. 큰 애들이 막내하고 워낙 잘 놀아 주니 셋째는 거저 키우는 거 같아요."

그랬다. 나는 '은혜로' 산다고 말하는 사모였다. 내 짝꿍은 소위 복음주의 초교파 국제 선교 단체에서 지부 하나를 맡은 담임 목자였다. 1961년, 박정희 쿠데타와 같은 해 설립된 이 단체의 세계 대표는 큰 행사에서 군복 차림을 즐기는 사람이었다. 그를 정점으로 한 서열 문화가 강했고 '성서한국 세계선교'를 위한 '그리스도 예수의 좋은 군사'를 자부하는 조직이었다. A와 내 짝꿍 간에도, 그들과 나 사이에도 서열이 있었다. 두 남자의 대화에 나는 귀를 쫑긋 세우되 목소리 없이 밥을 먹기 시작했다.

전반전 종료

궁금해하지도 묻지도 말라?

새천년 들어 단체에 분열 조짐이 있다는 소문은 나도 알고 있었다. 세계 대표의 '독재적' 리더십에 반대하는 편과 그를 지지하는 사람들 간의 논쟁을 짝꿍 덕을 통해서도 듣지만 인터넷으로도 확인했기 때문이다. A는 지금 젊은 리더 그룹에 속한 덕을 다독이는 것 같았다. 단체의 분열을 막고 지켜 내자고 말하고 있었다. 한마음 한뜻이 되어 지혜롭게 우리 지부를 잘 섬기라 하지만 우리 생각이 어떤지는 묻지 않았다. 그저 짝꿍이 그와 한 방향이길 종용 내지 당부하며 마무리하는 느낌이었다.

조용히 듣던 내가 불쑥 질문하고 말았다.

"그런데 목자님, 단체가 지금 어떻게 돌아가고 있길래요? 알아야 한마음으로 동역하죠. 사모 모임에서도 구체적으론 못 들어서요. 가장 큰 어려움이 뭔지 솔직히 말해 주세요."

얼굴이 어색하게 굳은 A는 잠시 말이 없었다. 무슨 용기가 났을까, 내가 다시 말했다.

"사실대로 말씀해 주시면 도움이 될 거 같아요. 저도 판단할 수 있게요."

그는 멋쩍게 미소 지으며 입을 쩝쩝대더니 무거운 목소리로 말했다.

"사모님은 궁금해하지도 묻지도 마시고 조용히 기도만 하시면 됩니다."

낯선 말은 아닌데 낯설었다. 내가 진짜 중요한 사람이라면 정보를 공유하는 게 맞지 않나? 서늘한 느낌이 등줄기를 타고 흘렀다. 나도 어색하게 미소를 지으며 음식으로 눈길을 돌렸다. 시금치나물을 집는 젓가락이 미세하게 떨렸다.

바로 며칠 전 마흔 살 생일에 스스로에게 묻지 않았던가. 어지러운 단체 사정을 나는 얼마나 아는가? 책임 있는 리더라면 스스로 판단할 수 있어야 하지 않냐고. 한 분야에서 20년쯤 일했다면 사회에서는 전문가라 할 텐데, 나는 뭘까? 이게 뭐지? 궁금해하지도 묻지도 말란다. 코를 박고 충성한 조직에서 나는 실체가 없는 그림자일 뿐이었다. 마흔을 누가 불혹이라 했던가. 나는 심하게 혹하고 있었다. 스스로에 그리고 세상에.

어릴 적 알분단지 차단지가 그날 밤 와락 생각났다. 말하기 좋아하는 아이, 세상이 궁금한 아이, 가슴에 질문이

가득한 아이와 눈물로 포옹하며 내 마음이 말하는 소리를 들을 수 있었다. 이제 진짜 글을 쓰게 되겠구나. 첫 이야기는 '말 못 하고 죽은 귀신' 판타지 소설이면 어떨까. 느닷없는 상상으로 밤이 깊어 갔다.

순진했던 난 이제 없어!

디즈니의 뮤지컬 애니메이션 <위시>에서 주인공 아샤와 친구들이 함께 부르는 노래 'Knowing What I Know Now'에 "순진했던 난 이제 없어."라는 가사가 있다. 아샤는 매그니피코 왕이 사람들로부터 소원을 접수해서 사기를 친다는 사실을 알아채고는 가만히 있지 않기로 한다. 순진했던 소녀는 떨쳐 일어나 친구들과 함께 행동한다. 왕비 아마야까지 "사랑에 눈이 멀어 모든 걸 모른 척했다."라며 각성하고 남편이 아닌 민중의 손을 잡는다. 작고 평범한 사람들이 작은 별에 소원을 빌고 별과 함께 소원을 이루는 판타지다.

　시공간의 한계도 없고 악당도 처단하고 소원도 이뤄 버

리니 판타지가 나는 참 좋다. 디즈니 100주년 기념작이라 캐릭터도 모두 디즈니스러워 낯설지가 않다. 아샤와 아마야에게 감정이입 하면서 매그니피코에게도 공감하는 나는 뭘까? 내 인생에도 매그니피코가 여럿 있었기 때문일 테다. 지금 아는 걸 22년 전 그때도 알았더라면 얼마나 좋았을까.

다르게 살아 보고 싶다

행복한 상상의 밤 이후 사표를 생각하기 시작했다. 뼈를 묻겠다며 충성을 맹세한 조직을 이렇게 쉬이 떠나고 싶어 할 줄 몰랐다. 엄밀히 말해 나는 사표 낼 주체가 아니었다. 새벽부터 밤늦게까지 집에서나 단체에서나 기도하고 상담하고 성경 가르치고 밥하고 섬기는 일을 했지만 월급 없는 '그림자' 노동이었다. '동역자' 또는 '사모' 노릇에 갇혀 내겐 언어도 없었다. 다 설명할 수는 없지만 진심으로 다르게 살아 보고 싶었다.

A의 뜻을 따르기엔 우리 생각이 많이 달랐다. 변하는 시대에 역행하는 대표를 지키겠다고 토론도 개혁도 없는 길을 계속 가고 싶지 않았다. 하지만 우리 견해를 드러

내면 우리 지부도 결국 분열을 경험하게 될 터였다. 스무 명 남짓한 작은 공동체가 주고받을 상처를 어떻게 할 것인가. 도저히 못 할 짓이었다. 교회사를 돌아보며, 종교개혁의 결과가 개신교라지만 과연 그 과정과 결과도 개혁적이었는지 우리는 질문하지 않았던가. 결국 우리가 조용히 단체를 떠나 제3의 길을 가는 선택지밖에 없었다.

덕과 나 누가 먼저랄 것 없이 사표 이야기를 하고 있었다. 좀 막막해도 나에게야 새로운 시작일 수 있지만 덕에게는 실직한 중년 아저씨가 되는 길이었다. 자비량 선교사로 버는 족족 선교 사업에 쓰다가 수고한 모든 걸 버리고 한국으로 돌아왔건만 또다시 선택의 기로에 섰다. 하기야 안정된 삶 따위는 애당초 우리와 인연이 멀었다. 겨우 얼마 전에야 4대 보험과 퇴직금 적립이 이루어지지 않았던가. 애 셋 데리고 쥐꼬리 월급 150만 원 받으며 살아온 우리인데 백수라고 못 살 이유가 뭐겠나. 허세가 좀 필요했다.

'사표'라 쓰고 '토사구팽'이라 읽는다

사표 수리는 일사천리로 진행되었다. 2002년 8월 마지막 일요일, 주일 예배 설교를 마친 덕이 사표를 공지하며 못 박았다. 공동체의 그 누구도 우리를 따라오는 것을 원치 않으며, 우리만 조용히 떠나겠다고. 단체 돌아가는 사정을 인터넷으로 파악하고 있어서인지 공동체는 생각만큼 술렁이지 않았다.

본부에 사표를 제출하니 약속이 잡혔다. 강남의 한 고급 식당으로 우리를 초대한 이는 A가 보낸 B였다. 대기업인 그의 직장 근처 아는 식당을 약속 장소로 잡은 모양이었다.

"살고 있는 집 전세금에 포함된 500만 원과 현금 500만 원을 합쳐 퇴직금을 갈음한다. 산정 범위는 폴란드 선교사 생활을 4년으로 계산하고 귀국 후의 기간을 합쳐 10년으로 한다. 피치 못한 퇴사이니 실업급여를 받을 수 있게 단체가 처리해 준다. 단, 그 금액도 퇴직금에 포함된 것으로 본다."

이런 요지로 마무리되었다. 1982년 대학 1학년 가을에 한 발을 들여놓은 뒤 3학년 가을에 두 발을 모두 들인 곳. 사명, 사명, 그 하나에 붙들려 이리저리 쏠려 다닌 청춘이었다. 자아도 자기도 잊고 과몰입 헌신한 끝에는 환송회도 감사 예배도 친구도 존엄도 없었다. 이것 먹고 떨어져라, 건조하고 조잡한 계산만 있었다.

 모멸감이랄까, 모욕감이랄까, 돌아서 나오는데 내 속에 이물감이 있었다. 살면서 그렇게 화려한 식당에서 밥을 먹은 건 처음이었다. 공간과 음식에 어울리지 않게 대화는 얼마나 쪼잔하며 우리 모습은 또 얼마나 후줄근했던지. B는 왜 우리를 그런 곳으로 불렀을까. 수고했다거나 감사하다는 인사도 없는 사표 처리였다.

 B와 잠시 만난 시간조차 비현실처럼 느껴졌다. 그 허접한 숫자놀음을 감히 우리 청춘의 가치와 연결 지을 수는 없었다. 다 상관없다는 기분, 더 이상 엮이고 싶지 않다는 차가운 마음으로 돌아섰다. 인간과 인간으로 연결된 게 아니었구나, 사람과 사람으로 만난 게 아니었구나, 진실을 확인한 기분이었다. 조직의 방향과 생각이 다른 우리는 토끼 잡이 쓸모를 다한 개였다. 사표는 다른 말로 '토사구팽'이었다.

 〈위시〉의 아샤와 아마야는 매그니피코를 두고 보지 않고 처단했지만 22년 전 숙이와 덕이는 매그니피코를 떠나는 길을 택했다. 거대 종교 권력이라는 매그니피코, 가부장적 위계질서라는 매그니피코, 두려움이라는 매그니피코…. 속았구나 깨달았지만 맞서 싸울 생각까진 못했다. 선량한 사람들을 다치게 하고 싶지 않다는 소심한 이유였다. 부끄럽지만 그 일은 40년 인생에서 내 마음을 따른 첫 선택이었다. 윗선의 뜻을 앞세우는 삶 말고, 나로 살고 싶다는 외침이었다. 순진했던 난 이제 없어! 바로 그거였다.

2장 1990~2002

사랑과 헌신의 배신

우리 결혼 없던 일로 해요

올가을이면 숙덕 부부는 결혼 34주년을 맞는다. 처음 본 날부터 치면 장장 40년간 서로의 곁을 지키고 있다. 성인이 된 세 아이가 각자 짝꿍을 만나는 이야기며 큰아들이 연애하고 결혼하는 과정을 재미있는 영화인 양 감상하는 중년이다. 내 결혼이 종종 플래시백으로 등장하는 게 영화 보는 맛을 더한다. 아이들에게는 호랑이 담배 피우던 시절 이야기겠지만, 내게 결혼은 반전에 반전을 거듭하는 판타지다. 그때도 몰랐고 지금도 모르는, 여전히 진화 중인 생물 같다.

"결혼할 때는 스스로에게 질문을 해 보라. 내가 늙어서까지도 이 사람과 대화할 수 있을까? 그 외에 다른 것은 모두 일시적일 뿐이다."

니체가 결혼에 관해 한 말이란다. 이 철학자는 결혼 바깥에 머문 독신주의자라 이런 통찰을 얻었는지 모른다. 대화 따위 없이도 검은 머리 파뿌리 되도록 함께 사는 무지막지한 세계가 결혼 아니던가. 결혼 전에 질문해 보라지만 해 보지도 않고 앞날을 미리 의심할 수 있는 사람이 얼마나 되겠는가. 대화가 밥 먹여 주냐며 큰소리치는 사람도 여럿 보았다. 질문은 없고 답만 무성한 세계가 바로 결혼 아닌가 싶다.

'내가 늙어서까지도 이 사람과 대화할 수 있을까?'

안타깝게도 나는 결혼식장에 들어서기 전까지 한 번도 이런 질문을 한 적이 없었다. 묻지 마 결혼이고 '아멘'의 성찬이었다. 말 못 하고 죽은 귀신은 뭐 하다 그리 늦게 나타났을꼬. 하필 잔치가 다 끝났을 때 그 귀신이 말을 걸어왔다.

사랑과 헌신의 배신

내 결혼에 없던 것들

내 결혼식에서 내가 스스로 선택하고 결정한 게 하나도 없었다. 실화다. 대학 2학년 때 처음 알게 된 후 7년 만에 신랑 신부가 될 때까지 숙과 덕 사이엔 사랑 고백도 연애도 프러포즈도 없었다. 우리는 서로를 원하면서도, 왜 서로여야 하는지 질문하지 않았다. 우리 결혼은 우리가 속한 선교 단체의 담임 목자 C가 공식적으로 결정했기 때문이다. 약혼도 결혼도, 결혼식 날짜와 장소도, 그리고 세부 순서까지도 주례자인 그가 결정했다. 식장이 어떻게 백합 예식장으로 결정되었는지 나는 모른다. 당시 선교 단체 회원들이 주로 거기서 결혼식을 치렀는데, 아마도 가까워서였을 것이다.

식은 오후였지만 신부는 꾸밈 노동을 위해 아침 일찍 식장에 가야 했다. 생전 처음 두꺼운 피부 화장에 눈 화장에 속눈썹까지 붙이고 귓불에는 귀찌를 달았다. 하얀 드레스를 입고 올림머리에 면사포를 쓴 뒤 신부 대기실에 앉아 있어야 했다. 신랑은 느긋하게 아침 먹고 목욕탕 들렀다가 합류했다. 우리는 예식장에서 하라는 대로 모두 따랐다.

신랑이 어깨를 쫙 펴고 혼자 걸어가 기다리면 눈을 아래로 향한 내가 아버지 손을 잡고 천천히 입장했다. 경남에서 대절 버스를 타고 올라온 아저씨들이 피곤하고 지루한 얼굴로 식장 밖에서 담배를 피우던 모습이 떠오른다.

"이러므로 남자가 부모를 떠나 그의 아내와 연합하여 둘이 한 몸을 이룰지로다."

성경 구절을 따라 혼인 서약이 있었다. 신랑이 우렁찬 목소리로 "아멘!" 하자 주례가 나를 향해 물었다.

"덕 군을 남편으로 맞아 믿음 안에서 사랑하고 위로하고 존경하며 순종하여 아내 된 도리를 다하기로 서약합니까?"

나는 들릴락 말락 한 소리로 "아멘."이라고 답했다.

이런 서약에 대해 내가 미리 고민하고 결성한 건 하나도 없었다. 다른 사람들 결혼식에서 본 대로 답했을 뿐이다. 그날 그 낯선 기분은 뭐였을까. 설명할 수 없는 무거운 기분에 짓눌리면서도 나는 입을 앙다물고 가만히 따르는 신부였다.

결혼의 의미는 뭘까

창세기 1장 28절이 주례사였다.

"하나님이 그들에게 복을 주시며 그들에게 이르시되 생육하고 번성하여 땅에 충만하라, 땅을 정복하라, 바다의 고기와 공중의 새와 땅에 움직이는 모든 생물을 다스리라 하시니라."

두 쪽 가득 '사명'이 수십 번 반복되는 설교였다. 성경 공부로 익히 알던 내용인데 내 결혼의 지침이라니 떨리는 마음으로 들었다. 요약하면 이랬다.

"하나님이 천지를 창조한 후 인간을 사명으로 축복했고, 인간을 인간답게 하고 동물과 구별되게 하는 본분이 바로 사명이다. 사명 없는 결혼은 동물 수준이다. 첫째, 많은 자손을 낳아 번성하는 사명이다. 아담이 타락한 후 의미가 달라져 영적인 생명의 열매를 맺으라는 뜻이다. 둘째, 땅을 정복하고 만물을 다스리는 사명이다. 정복하고 다스린다는 건 하나님의 통치권을 의미하고 그리스도의 복음 증거를 말한다. 회개하고 예수님을 그리스도로 영접할 때, 또 회개의 복음을 증거할 때 온 땅을 정복하고 다스릴 수 있다."

내 미래가 보이는가? '다산의 여왕'쯤 되겠다. 육적 자녀, 영적 자녀 많이 낳으라는 말만 있지 '어떻게' 하라는 이야기나 낭만적인 사랑 이야기 같은 건 없었다. 질문은 들어설 틈도 없었다. 늙어서도 대화하는 사랑을 해 본 적 없는 주례였으리라. 결혼의 의미는 둘이 한 몸이 되어 오직 사명, 사명, 사명, 그뿐이었다. 다른 지부 담임 목자 넷이 주례와 함께 우리를 둘러서서 축복기도를 했다. "정복하고 다스리는 사명 중심", "서로 사랑하고 섬기고 동역하는 캠퍼스의 목자", "상처받은 양들의 목자", "성서한국과 세계선교에 썩는 밀알"이라는 동어 반복이었다.

시가 어른들에게 절하는 폐백이 이어졌다. 전통 한복에 한삼 족두리로 갈아입은 나는 부축을 받지 않곤 절도 할 수 없었다. 신랑이 나를 업고 방을 한 바퀴 돌 때 미끈거리는 옷자락 때문에 떨어질 뻔했다. 사람들은 재미있다고 웃었지만 나는 얌전 떠느라 죽을 맛이었다. 앉았을 때 신랑보다 낮은 자세를 유지하려고 애썼더니 삭신이 더 고달팠다. 이른 아침부터 아무것도 먹은 것 없이 하루해가 저물었다.

나는 당신에게 뭐죠?

이거 내가 선택하고 결정한 결혼 맞나? 신부 역할, 신랑

역할 연극이 끝난 걸까? 이 남자는 왜 나와 결혼했을까? 난 어쩌자고 순종을 서약했지?

사람들이 다 돌아간 예식장 구석에서 공항으로 데려다 줄 오빠 차를 기다리는데, 내 안에서 질문이 꼬리를 물었다. 하나님의 이름으로, 사명의 이름으로, 믿음의 이름으로 밀물처럼 몰려왔던 행사가 썰물처럼 빠져나간 자리는 공허하기만 했다. 알 수 없는 무게에 짓눌린 나와 달리 신랑 얼굴은 평안하고도 행복해 보였다. 공항 가는 내내 그리고 비행기에서도 나는 그와 다른 세계에 있었다.

강릉행 비행기는 하얀 구름 위를 날고 있는데 나는 먹구름 속에 갇힌 기분이었다. 신랑이 내게 무슨 말을 했는지 전혀 기억에 없다. 상상한 적 없는 낯선 기분, 낯선 질문으로 나는 침묵에 잠겨 들었다. 어디서부터 어떻게 말해야 할지 알 수 없었다. 가슴이 답답해 죽을 것만 같아 그를 향해 숨을 내뱉었다.

"나는 당신에게 뭐죠?"

덕이 나를 향해 고개를 흠칫 돌렸다. 무슨 말이냐 묻는 얼굴인데 눈만 동그랗게 뜨고 나를 바라보았다. 나는 같은 질문을 다시 하고 싶지 않았다. 나는 그에게 무엇인지,

그는 내게 무엇인지, 가슴이 자꾸 물으니 내뱉은 것뿐이었다. 언어가 모자라긴 그도 마찬가지였으리라. 답을 기다리지 못하고 내가 내쳐 말했다.

"왜 나하고 결혼했어요? 우리 결혼 여기서 없던 일로 해요."

질문 여자 눈물 남자

1970년에 나온 '범띠 가시내'라는 노래는 1962년생 범띠 가시내의 인생 노래였다. 초등학생이 뜻이나 알고 불렀나 싶지만, 내겐 호랑이 본능이 있었다. 왈가닥이라도 괜찮다는 응원가였고, 듣기 싫던 "네가 아들로 났어야 했는데"라는 저주를 풀어 주는 마법이었다. 얼마나 불러댔던지 지금도 가사를 다 기억한다.

특히 재미난 대목은 "사내 마음 울려 놓고 싶은"과 "울고 가는 사내들도 한심하다만"이었다. 심신이 조숙한 내게 남자애들은 다 한심해 보였다. 나한테 까불다 혼쭐이 난 녀석들도 있었다. 그런데 2절 마지막에 반전의 맛이 있었다. 울고 가는 사내들이 한심하다면서도 "사내 마음 알고 싶은 범띠 가시내"가 바로 나였기 때문이다.

그 남자 그 여자의 첫날밤

신혼여행 첫날밤 우리는 일찍 침소에 들었다. 처음으로 우리 몸이 한방에 나란히 있었다. 가벼운 입맞춤을 하며 덕이 나를 안았다. 비행기에서 시작하다 만 대화를 어떻게 마무리할까 생각하던 나도 덕이 많이 긴장하고 있음을 간파했다. 잠옷 입은 내 팔과 어깨를 조심스레 쓰다듬으며 그가 말했다.

"마음의 준비가 안 되었으면 오늘은 손만 잡고 당신 곁에서 잘게요."

몸도 마음도 지친 우리는 그렇게 누가 먼저랄 것 없이 나란히 잠에 빠져들었다.

둘째 날엔 종일 대절 택시로 여기저기를 구경했다. 낙산사에서 내려다본 바위와 동해는 9월의 햇빛 아래 미치도록 아름다웠다. 겉옷을 벗어 들고 나란히 거니는 두 사람은 행복한 신혼부부의 모습이었으리라. 삶은 얼마나 모순덩어리며 판타지보다 더 판타지인지. 나는 어떻게 여기까지 와서 이러고 있는가. 질문이 나를 따라다녔다. 이 남자는 무슨 생각으로 나와 결혼했을까. 왜 나여야 했는가….

1988년 연말에 군대에서 휴가 나온 덕을 C가 따로 불러 확인했단다. 혹 나하고 약속했거나 책임질 일 한 거 있냐고. 덕이 그런 거 없다 하니 둘이 잘 맞는 짝이니 결혼하겠냐 물었고 덕이 좋다고 했단다.

"하나님이 내 마음을 아시는구나, 기도를 들어주셨구나, 너무나 감사했어요. 나만 좋아하며 기도해 왔지 아직 숙 마음을 모른다고 정직하게 말했어요. 당신 마음이 궁금해서 잠이 안 오는 날이 많았는데…."

덕이 나를 좋아한다는 이유로 내가 겪어야 했던 일들이 어제 일처럼 훅 떠올랐다.

"덕은 고지식한 사람이라 한번 마음에 두면 잘 안 변하거든. 너처럼 자유분방한 여자들이 생각 없이 행동하면 남자는 실족하기 딱인 거 몰라? 자매는 형제 마음을 도둑질하지 않도록 근신하고 영적 싸움을 해야 해."

내겐 모욕 주기 화법을 쓰던 C가 덕에겐 전혀 다른 모습이었다.

"우리 둘 일인데 왜 나를 빼고 그랬대요? 당신은 왜 내 마음을 안 물었죠? 편지로라도 확인할 수 있었잖아요."

"C가 나한테 이야기하고 숙에게도 이야기하고 자리를 만들었나 보다 했죠. 다음 방향을 기다리다가 그만…."

이런 바보 같은 대화가 어디 있냐 묻지 마라. 신혼여행 와서 뭐 하고 있냐고 한심해 마라. 그게 난데 어쩌란 말이냐. 남자 유혹한다는 소리 들을까 봐 침묵하다 그리되었다. 신혼여행 둘째 밤도 우리는 답 없는 대화만 하다 지쳐 잠들었다.

사내 마음 알고 싶은 범띠 가시내

셋째 날 오후 영덕행 버스에 올랐다. 친정에서 한 밤 자고 밀양 시집에서 두 밤 자고 토요일에 서울로 가는 계획이었다. 우리의 대화를 마무리해야 했다.

"나는 당신에게 뭔가요?"

어려운 시험 문제를 받아 든 아이처럼 덕은 다시 얼굴이 굳었다. 대답을 기다리지 못하고 내가 말했다.

"우리 결혼 여기서 없던 일로 해요."

우물쭈물하더니 덕이 더듬더듬 말했다. 조금만 더 알아

듣기 쉬운 말로 해 달라고. 이건 말이 안 된다, 어떻게 하라 분명히 말해 주면 그렇게 고치겠다고.

"내 말을 못 알아듣는데 어떻게 더 설명해요? 꼭 나여야 할 이유는 없어요. 지금이 때라고 봐요."

말할수록 내 가슴은 더 답답한데 그는 또 말이 없었다. 나는 차창 밖 먼 산만 하염없이 바라보며 기다렸다. 갑자기 옆에서 훌쩍이는 소리가 들렸다. 덕이 눈물을 훔치며 울고 있었다. 시간은 가고 나는 초조해졌다.

"지금 우는 건 대답이 못 돼요. 무슨 생각으로 우는지 말로 해 달라고요."

남자는 울고 있는데 여자 마음은 더 냉정해졌다.

"시골 엄마가 생각나네요. 내가 4학년 때 마산으로 전학 갔잖아요. 어쩌다 집에 오면 종일 나가서 공 차고 놀다 다시 마산으로 갔나 봐요. 엄마가 어느 날 그랬어요. 내 아들 아닌 거 같다고요. 엄마는 아들하고 같이 있고 싶었겠죠. 그런데 나는 엄마한텐 관심도 없고 친구들하고 놀기만 했으니."

"지금 내 마음이 어머니 마음이라 이해한다는 뜻인가요?"

사랑과 헌신의 배신

날이 선 내 말에 그가 고개를 강하게 가로저었다.

"그게 아니라 당신 마음을 조금 알 거 같아서요. 그때나 지금이나 내가 무신경한 게 보이네요. 나는 결혼할 수 있어서 너무 행복했는데 어째서 당신한테 내 마음을 표현하지 못했을까요. 사랑하는 사람을 답답한 기분에 버려두고도 나는 당신을 사랑한다고 생각했어요. 그게, 그게 정말 미안해요."

덕은 계속 울었다. 그가 내 말을 들으려 하고 자기 마음도 돌아보는 듯했다. 아, 이러려던 건 아니었는데…. 냉정하던 마음이 조금씩 흔들렸다. 졸지에 나쁜 남자가 되어 울다가 방언이 터졌나, 그가 조금 힘 있게 말을 이어 갔다.

"당신 마음 알게 해 줘서 고마워요. 난 당신이라서 너무 감사했어요. 전적인 은혜였어요. 당신도 그럴 거라 생각했어요. 숙맥에 가진 것도 없고 앞날은 불투명하지만 당신만 있으면 됐어요. 국내 담임이건 선교사건 다 갈 수 있다 그랬잖아요."

그러곤 내 손을 잡고 애원하듯 말했다.

"내가 답답하고 한심하죠? 당신 마음 몰라서, 힘들게 해서 미안해요. 내가 사랑할 수 있게 나 좀 도와주세요. 사랑해요. 당신이 필요해요. 당신이 도와주면 다 할게요."

 도와 달라는 손을 차마 뿌리칠 수 없었다. 아, 사내 마음 울려 놓고 싶은 범띠 가시내였다. 친정집은 가까워 오는데, 아 어쩌란 말이냐 이 아픈 가슴을. 울고 가는 사내들도 한심하다만 사내 마음 알고 싶은 범띠 가시내. 한심한 사내 마음을 받아들이자고 나는 마음을 고쳐먹었다. 잡은 손에 힘을 주며, 그를 돕고 그의 용기가 되겠다고, 그를 사랑하자 마음먹어 버렸다. 그게 무슨 뜻인지 1도 모르면서 말이다.

꿀벌이면 나는 자유로울 수 있을까?

결혼과 함께 내 이름은 '정드보라'가 되었다. 단체에 개명하는 문화가 있었던 데다 결혼한 여자는 남편 성을 따르게 해서였다. 지금이야 서양에서도 남편 성 안 쓰는 여성이 있고 한국에서도 엄마 성을 물려줄 수 있지만, 그땐 유교의 '여필종부女必從夫'니 '삼종지도三從之道'는 욕해도 남편 성 따르는 건 기독교 문화라고 믿는 사람들이 있었다. 정

드보라 사모님, 선교사님, 목자님이라는 호칭 뒤로 '김'도 '화숙'도 사라져 갔다.

개명은 졸업이나 선교사 파송을 앞둔 이들에게 담임 C가 주는 '축복'이었다. 개명에는 각 사람의 개성이나 기도 제목이 반영되었던 것 같다. 사람들은 아브라함, 사라, 마리아, 바울 등을 본받고자 했고 순종, 충성, 겸손 같은 '훈련용' 개명도 있었다. 당연히 같은 이름이 많을 수밖에. 한 사람이 여러 번 개명하는 일도 드물지 않았다.

내가 구약 사사기의 드보라로 호명된 건 대학을 졸업할 무렵이었다. 동기들은 대학 생활을 돌아보며 감사의 소감문을 발표했다. 새 이름 새 출발을 축하하는 분위기인데 나는 좀 다른 기분이었다. 내 선택과 상관없이 주어진 이름을 마냥 흔쾌히 받긴 어려웠다. 다른 이름을 원한다거나 선택권을 주장한 건 아니었다. 마음에 걸리는 건 하나, 드보라 같은 여자를 좋아할 남자가 없을 거라는 예감이었다.

랍비돗의 아내, 꿀벌 드보라

사사士師는 지배하고 군림하는 왕권과는 다른 이스라엘의 아주 독특한 지도 체제였다. 공동체가 위기에 처하면 하나님의 부르심을 따라 일어나 문제를 해결하고 다시 평범한 생활로 돌아가는 사람들이었다. 드보라는 이스라엘이 가나안 야빈에게 20년 동안 억압받으며 부르짖은 결과 부름을 받은 사사였다. 그는 '랍비돗의 아내'라 소개되어 있는데 드보라라는 이름은 '꿀벌'이란 뜻이다.

남성 중심 족보 자랑 잘하는 성경에 위대한 선지자 드보라의 족보가 나오길 기대하진 말자. 그래도 그 남편 내력은 나올 만하지 않나? 그런데 없다. 상상해 보라. 성별 이분법이 칼 같은 공동체에서 남편 있는 여자가 민족의 지도자로서 40여 년 태평성대를 이끌었다. 그 남편 랍비돗은 어떤 사람인지 궁금하지 않은가? 그림자 외조를 했을까? 자수 다루었으려나? 혹시 장수 바락이 랍비돗과 동일 인물은 아닐까?

에브라임 산간에 있는 '드보라의 종려나무 아래'가 평소 드보라의 업무 공간이었다. 이스라엘 자손이 거기 나와 재판을 받았다니, 웅장한 건물이나 장막이 따로 없는 부드러운 리더십의 상징처럼 보인다. 야빈이 쳐들어왔을 때 드보라는 장수 바락을 불러 임무를 맡겼다. 바락은 드보라를 신뢰하는 소심한 남자였던 듯하다. 드보라가 함께 가면 가고 아니면 가지 않겠다고 했다.

드보라는 바락과 함께 가겠다 약속했고, 이 전쟁의 영광이 야엘이라는 여성에게 돌아갈 것이란 예언을 덧붙였다. 바락은 드보라의 말을 따랐고 함께 다볼산으로 가 시스라 군대를 쳐서 크게 이겼다. 도망했던 적장 시스라는 드보라의 예언대로 야엘의 장막에 숨어들었다가 죽임을 당했다. 야엘도 용감한 여성이었다. 야엘을 축복하며 드보라가 긴 노래를 부르는 것으로 이야기가 끝난다.

꿀벌이 살아야 사람도 산다

어릴 적 내 이름에 대해 물었다가 실망한 기억이 있다. 화숙和淑. 뜬금없는 조합이지만 '평화롭고 맑은 호숫물'이라 둘러대면 좀 어떤가. 엄마는 범띠 아들일 거라 믿었는데 딸이라 실망했다는 말로 시작하곤 했다. 아빠는 '여장군 났다.'라고 했다지만 이름도 짓지 않고 나돌았단다. 면에서 인구조사를 나와 아기를 등록해야 했다. 아빠가 와야 이름 짓는다는 엄마를 무시하고 면서기가 언니 이름 따라 멋대로 적은 게 화숙이란다.

'어떻게 남의 딸 이름을 그렇게 멋대로 정해 버려? 아버지는 면서기 멱살을 잡고서라도 고칠 생각을 왜 안 해? 아들이라도 그랬을까? 참 쉽기도 해라. 그래도 후남이, 분남이, 귀남이 아닌 게 어디냐고?'

어린 내게 이 세상은 처음부터 해도 해도 너무한 부조리요 부정의 덩어리였다.

결혼 후 정드보라로 살면서 사사 드보라 이야기가 내 인생의 은유일지도 모른다고 생각하곤 했다. 여자 목소리는 들리지 않던 남성 중심 시대에 드보라는 유일한 여성 사사였다. 어떻게 남편이라는 장막에 갇히지 않을 수 있었을까? 신구약 통틀어 가장 독보적인 여성 리더 드보라, 그 곁에 있던 랍비돗과 소심한 장수 바락. 문학 중의 문학이요 예술이사 복음이었다.

나는 한 소심한 사내를 사랑하고 그에게 순종하겠다 서약한 여자였다. 드보라도 랍비돗에게 순종하겠다고 서약했을까? 궁금하지 않을 수 없었다. 랍비돗은 드보라가 부담스러웠을까? 나는 부담스러운 아내가 될까 늘 검열하며 살았다. 사내 마음 울린 여자의 자격지심이었다. 그땐 언어가 모자랐지만, 나는 남편을 사랑하되 자유를 포기하고 싶지 않았던 것 같다. 다만 선교 단체 안에서 그 꿈의 실현 가능성을 의심하는 여자였다.

사사 드보라는 남편 앞에서 스스로 작아지려 노력했을까? 랍비돗은 잘나가는 지도자 아내 앞에서 기가 죽었을까? 바울이라는 자가 나타나 "아내의 머리는 남편이요, 남편의 머리는 그리스도요, 그리스도의 머리는 하나님"이라는 해괴한 주장을 할 줄 그들은 상상이나 했을까? 사사 드보라가 집에서는 남편 심기 살피는 순종 코스프레를 했을까?

생각해 보라. 성별 이분법이, 아내가 남편에게 순종하는 게 하나님의 창조 질서라면 드보라를 부르고 쓰신 하나님은 모순덩어리가 된다. 드보라의 지도력을 따른 남자 바락은 하나님의 창조 질서를 거역한 셈이다. 용감한 여성 야엘은 또 뭐가 되는가?

언제부터인가, 드보라의 뜻인 꿀벌이 점점 좋아져 필명으로 쓴 지 오래다. 꿀벌이라니, 기후 위기까지 내다본 큰 그림이었을까? 꿀벌이 사라지면 사람도 사라진다 하지 않던가. 그래, 나는 그런 존재였다! 꿀벌이면 나는 자유로울 수 있을까?

사랑 안에 두려움이 없고

✉ 생각하는 사람, 스물여덟 살 숙에게

때로 책 한 권보다 사진 한 장이 진실을 더 잘 보여 주는 경우가 있지. 퓰리처상 수상 사진 구경할 때의 느낌 알잖아? 한 장소 한 장면으로 시대의 정황과 맥락을 담아내는 그런 사진. 지금 내가 들여다보고 있는 사진이 그래. 34년 전의 숙이 살던 시간과 공간으로 단번에 데려가 주네.

무슨 사진이냐고? 사진 모퉁이의 날짜를 보니 1990년 9월 28일이야. 이날 네가 어디 있었는지 기억하니? 그래, 네 결혼식 4일 뒤, 아직 신혼 첫 주였잖아. 2박 3일 신혼여행 후 영덕 진성에서 1박 찍고 밀양 시집으로 가시 힌 밤 자고 그다음 날이었지. 뭐 하는 장면인지 알아맞혀 볼래?

사랑과 헌신의 아이콘이 되고자

숙아! 새색시 네가 설거지에 열중하고 있는 사진에서 도무지 눈을 뗄 수가 없어. 노랑 저고리에 분홍치마 깨끼 한복에 까만 단발머리를 뒤로 감싸 묶은 스물여덟 숙이가 시집 수돗가에 쪼그리고 앉아 설거지를 하고 있네? 볼살도 있고 걷어 올린 소매 밑에 보이는 손목도 통통해 보여. 그땐 고무장갑이 귀했겠지? 맨손이네. 가지런한 앞머리로 덮인 이마 아래 두 눈은 땅으로 향하고 입은 꼭 다물고 있구나. 네 뒤 저만치 담장 아래에는 땔감 나무가 쌓여 있고 네 오른쪽 옆은 헛간 벽이야. 거기에 체와 소쿠리 따위가 걸려 있고 시골 살림 도구도 여기저기 보여. 왼쪽으로는 수도꼭지와 어른도 목욕할 만큼 큰 고무통이 있고, 그 앞에 그릇이 담긴 고무대야가 보여. 그리고 그 뒤에 네가 쪼그리고 앉았구나. 씻어 놓은 그릇들이 작은 소반 위에 쌓인 걸 보니 설거짓거리가 많았나 보지?

아, 갓 결혼한 새댁이 처음 신행 오자마자 시집 수돗가에 쪼그리고 앉아 설거지를 했구나. 박물관에 전시된 옛 생활사 유물처럼 보인다고 하면 과장일까? 조선 시대라 해도 좀 낯설지 않아? 그 시간 대청마루에선 신랑 가족과 친지가 하하 호호 차담을 나누고 있었잖아. 신랑도 그들 중에 있었고. 자기 집에 왔으니 얼마나 좋았겠어. 그러다 심심해서 일하는 색시를 향해 셔터를 눌렀겠지.

이상하지? 신랑은 왜 같이 설거지를 안 했을까? 너는 왜 그런 생각조차 못 했을까? 가족들은 왜 너를 말리지 않앉을까? 물론 네가 하겠다고 했겠지. 낯선 집, 낯선 사람들 속에서 너는 2박 3일을 앞치마 두른 여자로 쪼그리고 지냈단 말이야. 착한 며느리, 좋은 색시로 보이고 싶었니? 예수 믿는 며느리의 사랑과 헌신을 보여 줬니?

그래, 큰며느리 좋다고 흡족해하는 어른들 앞에서 너는 더 잘하려 했겠지. 곧 선교사로 떠날 몸이라 미안해서 더 그랬을지도 몰라. 하긴 사돈의 팔촌까지 눈을 씻고 봐도 예수쟁이가 없는 집이었지. 장손 덕이 예수쟁이가 된 것도 모자라 선교사니 목사니 한다니 가문의 소동이었겠지. 이제 봉제사는 어찌 될 것이며, 조상님 낯을 어찌 보냐 걱정하는 어른들에게 새 며느리는 기쁨이 되기에 충분했겠구나.

너는 사랑과 헌신의 아이콘으로 '훈련되고' 있었어. 남자와 여자는 역할이 다르게 창조되었다고 귀가 닳도록 들었지. 어릴 때부터 동생 업어 키우고 집안일 잘하는 장녀처럼 자란 너는 선교 단체에선 대학생에서 '믿음의 어미'로 변신해야 했어. 자기를 버리고 낮추고 섬기라, 목소리를 죽이고 '남을 세우는' 어미가 되라고 했지. 혼자 설거지하며 무슨 생각을 했니?

사랑과 헌신의 배신

그림자로 태어난 존재는 없지

물론 쪼그려 앉아 예수를 생각하려 노력했겠지. 그러나 동시에 네 속에선 다른 질문이 올라왔잖아. '나는 이 집에서 뭘까? 덕에게 나는 뭘까?' 도대체 그런 질문이 왜 거기서 나온다니? 덕을 사랑하고 도와주기로 했는데 무슨 뚱딴지같은 질문이냐 말이야. 허리가 아프고 삭신이 고단했지? 변비와 두통으로 몸도 시비를 걸었잖아. 그런데 거기 그 누구도, 심지어 너 자신조차 네 마음이 하는 말을 잘 못 알아들었던 거, 알지?

밀양 옛집 구조 때문에 힘들다고 생각했지? 낡은 본채와 아래채가 마당을 감싼 ㄱ자 한옥이었지. 본채엔 부엌과 방 두 개가 마루로 이어져 있었고 아래채엔 마루 없는 사랑방과 외양간이 있었어. 그 모퉁이에 있던 재래식 변소는 구더기가 득실대고 냄새가 진동하는 똥통이었지. 화장실 한번 가려면 치렁대는 한복 때문에 곤욕을 치러야 했잖아.

시어머니야말로 사랑과 헌신의 아이콘이었고 그림자의 대명사였지. 하루 종일 도무지 쉬는 법 없이 일하는 그분을 네 시선이 따라다녔구나. 뭐라도 거들려고 애쓰며 수돗가로 부엌으로 헛간으로. 텃밭에서 푸성귀를 가져와 마당 한쪽에서 다듬었지. 부엌 문지방은 왜 그리 높으며 오르내릴 죽담과 댓돌은 왜 그리 많은지. 앞치마로 동여 매도 한복은 치렁대고 몸에는 땀이 흘러내렸어.

신랑은 한복 벗어 던진 거 기억하지? 얇은 셔츠에 바지 차림이었잖아. 왜 너는 한복을 벗어 버릴 생각을 못 했을까? 걸리적거리니 갈아입겠다고 왜 말하지 못했을까? 왜 누구도 갈아입으라 하지 않았을까? 생각해 보렴. 특별한 옷은 신분과 연결되는 경우가 많아. 한복은 그 집에서 너의 자리를 보여 주었어. 군기 바짝 든 신병의 제복처럼.

어린 숙아! 그때 네가 느낀 기분은 이상한 게 아니었어. 언어는 없었지만, 며느라기 시작, 그림자 노동의 길이 즐겁지 않았던 거야. 질문이 올라오는 건 네가 사람이란 증거였어. 그림자로 태어난 존재는 없으니까. 아무리 합리화해도 네 마음은 소리쳤을 거야. 외롭게 싸운 숙아! 생각하는 사람이었어 너는. 수고했어.

사랑하면 용감해진다

땀에 전 몸을 씻고 싶은데 샤워할 곳이 없었지. 숙덕은 결혼식 후 사흘째 영덕에서야 초야를 치른 신혼부부 아니더냐. 이제 서로를 받아들이고 사랑하며 살기로 한 사람들이었지. 근데 씻을 곳이 없었어.

너는 차마 시어머니께 어디서 어떻게 씻냐 묻지 않았어. 얌전해 보이려 말을 아끼기도 했지만, 뾰족한 수가 없어 보였지. 궁하면 통한다고 너는 옛 여인들처럼 뒷물을 하기로 했지. 집안이 고요해지길 기다렸다가 늦은 밤 수돗가로 갔어. 낮에 설거지했던 바로 그곳. 대야를 깨끗이 씻고 물을 받아 넓은 치마폭으로 덮고 씻었지. 샤워할 수는 없으니 옷고름을 풀고 물에 적신 수건으로 몸을 닦았고 말이야.

수돗간 물소리가 밤의 적막을 깨뜨리더구나. 누가 깰까 조심조심해도 소용없었지. 무슨 죄라도 지은 걸까? 그런 생각이 퍼뜩 들자 마음을 고쳐먹었지. 뒷물하는 새댁의 뒷모습을 누가 본들 어쩔 것이여? 부끄러워해야 해? 이렇게 말곤 길이 없는데 내 잘못이냐고! 새댁 뒷물하는 거 구경하건 말건! 사랑하며 살기로 한 너는 당당해졌지.

결혼 후 두 번째로 숙덕이 사랑을 나눈 밤이었어. 숨소리까지 창호지를 뚫고 새어 나갈 허접한 시골집에서 너희는 서로를 안았지. 조심스러운 척했지만 너는 사랑에 용감한 사람이었어. 한 사람에게 온전히 헌신할 준비가 된 사람이었거든. 서로를 감사하는 두 사람은 두려움의 영을 놀리듯 속삭였지.

"창호지 뚫고 들여다보는 눈이 있는 거 같아."
"괜찮아. 보려면 보라지."
"마루 밑에 숨어서 다 엿듣는 거 아닐까?"
"들을 테면 들으라지. 더 크게 소리 낼까 보다."
"안방에까지 다 들릴 거 같단 말이야."
"어때? 아주 흐뭇하게 좋아하실 거야."

창호지를 뚫어 신방을 훔쳐보던 옛 풍습이 느닷없이 이해되지 않니? 소심한 가슴으로 7년을 기다린 덕에 미음을 너는 받아들였어. 결혼은 없던 일로 하자던 여자도 이제 없었고, 속수무책 울던 남자도 없었지. 두 사람은 아낌없이 주고 돕고 지지하며 함께하리라, 온전한 사랑을 배우리라 기도했어. 사랑 안에 두려움이 없고 온전한 사랑이 두려움을 내쫓나니.

빈이 어쩌고 베를린이 저쩌고

백문百聞이 불여일견不如一見. 직접 보는 것이 중요하다는 이 말은 글쓰기에도 적용된다. 구구절절 설명하지 않고도 보여 줄 수 있다면 최고의 글이리라. 하지만 그게 어디 쉬운 일인가. 묻어 두고 살던 흑역사를 끄집어내려니 부끄럽고 민망하여 더욱 어렵다. 영 만만치 않아서 33년 전 주고받은 편지로 대신하고자 한다.

숙덕은 신혼 4개월 반 만에 빈과 서울로 떨어져 지내야 했다. 선교지가 베를린에서 오스트리아 빈으로 바뀐 것도, 덕은 한국에 남고 나만 떠난 것도 모두 '지시에 따른' 것이었다. '성서한국 세계선교'만 생각하던 단체의, 아니 C의 결정이었다. '하나님 뜻을 따라' 준비도 대책도 없이 가라면 가고 오라면 오는 사람들이 있었다. 아, 부끄러움은 나의 몫.

주님의 귀한 종 다니엘 목자님,

할렐루야! 저 없는 며칠간 어떠신지요? 저는 이곳에서 지난해 베를린 생활을 시작할 때처럼 아주 잘 먹고 잘 자고 있답니다. 신혼부부 같은 두 선교사님과 한 방에서 자는 불편 빼고는 다 좋습니다. D 선교사님은 침대에서, 저와 E 선교사님은 전기요 깔고 바닥에서 잔답니다. 좀 미안해서 내일부터 토요일까지 베를린에 다녀옵니다.

두 분은 제가 남편과 떨어져 힘들까 봐 즐겁게 얘기하다가 조심하곤 하네요. 저는 슬픔도 시기심도 없이 평안하답니다. 당신이 늘 제 마음에 함께하시는데 뭐가 힘들겠어요? 길을 가나 잠을 자나 밥을 먹으나 나의 가장 든든한 백이요 친구요 보호자로 동행하고 계시니까요. 떠나와서 생각하니 당신이 제게 하신 모든 것이 얼마나 너그럽고 사랑과 배려가 충만했나 더 깨닫게 됩니다. 저는 세상에서 가장 행복한, 사랑받는 아내인을 확신하게 됩니다. E 선교사님이 어디서 들었대요. "두 분 사이가 야곱과 라헬 같다면서요?" 숨길 것도 없을 거 같아 대충 얘기했더니 첫마디가 "드보라 선교사님 너무 행복한 분이시네요."였습니다. 저 역시 제가 행복한 사람이라고 생각했습니다.

하나님께서 소망을 보여 주셨습니다. 오스트리아 개척 역사에 우리 가정이 축복과 은혜를 받은 위치임을요. D, E 부부와 며칠 사귀며 마음 주어 동역할 분들임을 발견했습니다. 권력 싸움 같은 것은 우리와 관계없을 줄 믿습니다. 영광 같은 건 모두 이분들 주고, 저는 동역의 거름으로 쓰임받고 싶습니다.

어제오늘 온통 방 구하는 일에 매달렸습니다. 학교나 신문에 난 방들이 너무 비싸요. 어제는 겨우 한 군데 전화해서 갔습니다. 전철에 버스까지 타고 갔는데 너무 한적해서 차 없이는 안 될 곳이었습니다. 월세 2,500실링(당시 1실링은 70원 정도였다.)이었는데, 집안엔 노인과 남자들만 살았습니다. 질겁하고 나왔는데 버스가 한 시간 간격으로 있어 더욱 질려 버렸고요. 아무리 싸도 3,000실링도 어려울 것 같습니다. 같이 살 사람 구하는 한 여학생이 다시 전화하라 했는데, 그거라도 되면 좋겠습니다. 다리와 발이 아플 정도랍니다. 기도해 주세요.

사랑하는 목자님! 저는 밥맛이 무지 좋습니다. 그런데 도착 4일 만인 어제야 처음으로 똥을 누었답니다. 몸이 예민한 거죠. 생각보다 날씨가 꽤 춥습니다. 두꺼운 내복 입고 바지에 운동화 그리고 E 선교사님의 파카를 입었습니다. 겨울 외투가 필요해 보입니다. 이불도 얇은 편이라 이 집 이불을 주겠다는군요. 물가도 비싸고 학교 식당 밥도 비싼 편이고요. E 선교사님과 둘이 별거 안 먹었는데도 10실링이 들더군요. 샌드위치 싸 다녀야 하나 봅니다.

1991년 2월 19일 빈에서 당신의 아내 드보라

나의 사랑하는 아내 드보라,

사랑하는 당신의 모습을 본 지 벌써 20일이 흘렀습니다. 눈물 한 방울 보이지 않고 떠난 당신이 기특하면서도 한편으론 섭섭했습니다. 그날 밤은 캠프에서 베개를 적시다 잠이 들어 버렸습니다. 다음 날 당장 사는 데 필요한 짐을 챙기러 당신과 살던 집에 갔습니다. 당신이 없는 빈방이 참으로 쓸쓸하게 느껴졌습니다. 자꾸 눈물이 나와 오래 머물 수가 없었습니다.

드보라! 당신과 함께 살던 지난 몇 달이 꼭 꿈을 꾼 것 같습니다. 당신은 참으로 편안한 아내요, 훌륭한 동역자요, 영원히 가장 아름다운 신부입니다. 부족한 저를 믿고 의지하고 따라 주어서 제 마음이 편안하고 든든합니다. 당신이 너무 보고 싶고 그립습니다. 6개월이 너무 길게 느껴집니다. C께 말씀드려 가을 학기 출국으로 승낙받았습니다. 그러나 여러 다른 소리를 자주 하시니 하나님께 매

달려 기도하고자 합니다.

캠퍼스는 개강했습니다. 아직은 데모가 없고 조용해 양들 심방하고 피싱하기에 좋은 환경입니다. 공대 형제님과 고정 일대일을 확보했습니다. 대학 생활에 열심히 도전하고자 하는 양이라 성경 공부도 적극적입니다. 이분을 중심으로 봄 학기 개척 역사를 섬기도록 기도해 주십시오.

몸무게는 당신이 떠나고 보름 만에 1.5킬로 줄었습니다. 끼니는 거르지 않았는데, 대책이 없습니다. 소식은 당신 생각하며 틈나는 대로 써 두었다가 매주 한 번 보내겠습니다.

    1991년 3월 7일 서울에서 당신의 남편 다니엘

나의 사랑하는 남편 다니엘 목자님,

이번 한 주간은 지치지 않는 방향으로 살았습니다. 간식을 싸 가서 허기지지 않게 했고, 오후엔 잠시 쉬고, 여섯 시간은 잤습니다. 금방 배가 고파 변함없이 잘 먹고요. 독일어 수업은 재미있고 할 만했습니다. 라디오 뉴스 듣고 받아 적는 것 말고는 무리 없이 나가고 있습니다. 어제는 반 친구 베로니카에게 수영을 배웠습니다. 지지난 주 한

번 가고 2주 만에 갔습니다. 좀 비싼 데서 목욕하는 값이면 수영할 수 있더군요.

오늘은 종일 독서했습니다. 독일어 어린이책을, 수많은 새 단어를 익히며 한 권 독파했습니다. 수업하며 단어가 달리는 것을 느꼈거든요. D가 몇 가지 당부해 주셨습니다. 반드시 독일어 기초, 운전면허, 그리고 한 가지 기술을 배워 오시라 하시더군요. 기술이란, 허드레 아르바이트 말고 이곳에서 직업을 가질 만한 기술을 말하는 것입니다. D가 택시 기사를 하듯이 장기적으로 필요한 기술 말이지요.

이곳은 평신도 선교사의 길이 있습니다. 유학생으로 와서 등록하고 어학을 합니다. 그 후 유료로 직업 교육을 받으면 취직의 문이 열리나 봐요. 자격증이 있으면 더 좋고, 이론적으로나마 알고 있는 것이라면 이곳에서 다시 하면 수월하겠죠. 월급 받고 세금 내는 생활을 4년 이상 하면 시민권이 나온다는군요. 유학생으로 왔지만 취직하면 노동허가서를 받고, 여권도 비자도 모두 '노동'으로 바꿀 수 있다는군요.

공부할 수도 있고, 학교에 적을 두어도 되고요. D는 장기적으로 등록만 해 두고 노동허가서 얻어 일하고자 하나 봐요. E가 가져온 돈도 떨어져 가고 경제 문제도 있는 듯합니다. 이곳에서 취업 가능성을 알아볼 테니 목자님께서도 하실 수 있는 혹은 할 만한 일을 생각해 보도록 하세요. D는 피자 만드는 기술, 자동차 정비, 용접, 컴퓨터 등을 얘기했습니다. 이곳에 필요하지만 이곳 사람들이 잘 못하는 일이면 좋겠지요. 여기도 실업 문제가 있고, 좋은 일을 외국인에게 우선으로 줄 리가 없지요. 찾는 자에게 길이 있는 것이니 기도 가운데 지혜와 방향을 얻을 줄 믿습니다.

1991년 3월 16일 빈에서 드보라

보고 싶은 다니엘 목자님,

오늘 낮 라디오 뉴스에서 남한 소식을 들었습니다. 시내 중심부에서 학생 데모가 있었는데 1만 명 넘게 모였다더군요. 골자는 노태우 퇴진, 국회의원 여섯 명 어쩌고, 주택 건설 부정 어쩌고였습니다. 이곳까지 소식이 들릴 정도인 걸 보니 꽤 큰 데모였나 봅니다. 목자님들이 또 심각해지겠군요. 지난 수요일 이곳 캠퍼스에서 미팅하고, 저는 구경만 했습니다. 독일어 가르쳐 달라고는 얼마든지

하겠는데, 어떻게 성경 공부로 인도할지….

사랑하는 목자님! 돈이 없어 고생스럽겠지요. 와서 생각하니 너무 매정하게 제 살 궁리만 하고 챙겨 온 거 같습니다. 이곳은 모든 게 너무 비싸고 돈 가치가 없어 신경질이 나서 도로 한국으로 부쳐 드리고 싶었습니다. 한국에선 제법 쓸 만한 가치가 있을 거라고 생각되거든요. 죄송스럽습니다.

1991년 3월 23일 당신의 드보라

1991년 6월 한국에서 보낸 C의 편지

사랑하는 드보라 선교사님,

"무리와 제자들을 불러 이르시되 누구든지 나를 따라오려거든 자기를 부인하고 자기 십자가를 지고 나를 따를 것이니라."(마가복음 8장 34절)

하나님께서 가장 패역한 시대, 이데올로기의 혼란 가운데 방황하는 시대, 예수님의 보배피로 구원하시고 세계 캠퍼스 개척의 목자요 선교사로 부르신 것을 감사합니다.

전화를 받고 여러 번 생각한 결과 인간적으로는 빈에서 안정되길 바라는 생각이지만 신앙적으로는 개척의 땅으로 가는 게 성령의 뜻이라 믿었습니다. 다니엘 목자와 대화한 결과 장기적으로 폴란드에 가는 것이 합당한 것으로 합의했습니다. 당분간 그곳 D 선교사의 수고와 기대를 저버리기 어렵지만 성령의 뜻을 따르는 것이 좋겠습니다. 먼저 하나님의 나라와 의를 구할 때 모든 것을 더하실 하나님을 믿고 순종하기 바랍니다.

그리고 H 선교사님과 더 구체적인 기도 지원받기를 바랍니다. 빈에는 대전에서 오늘 두 분이 가고 또 청주에서 한 선교사가 수속하고 있습니다. 또 우리 센터에서도 간호사 두 분이 선교사로 수속하려 하니 오스트리아는 걱정 안 해도 됩니다. 주 안에서 강건을 빕니다.

그때는 맞고 지금은 틀린

"진짜 폴란드 신사는 택시가 세 대 필요하지만 저는 한 대면 되네요. 먼저 타시죠."

바르샤바역에서 택시를 타며 마렉이 폴란드 신사 우스개를 했다. 빈에서부터 거의 열두 시간 기차를 함께 타고 온 우리였다. 이 폴란드 남자는 지치지 않고 유쾌한데 나는 쓰러져 눕고 싶을 만큼 상태가 안 좋았다. 더위와 멀미를 견디려 기차 복도를 수없이 드나들며 겨우 도착했건만 너무 힘들었다. 낯선 남자의 친절을 의심하고 거절할지 말지 계산할 때가 아니었다. 폴란드어를 모르는 나는 그의 유창한 독일어도 고마웠다.

"한 대는 지팡이를 위해, 한 대는 모자를 위해, 그리고 나머지 한 대는 신사를 위해서죠."

정말 그럴 것처럼 들렸다. 아담한 키에 배가 살짝 나온 그는 점퍼 차림이었다. 철도 일에 종사한다는 그는 출장에서 돌아가는 길이었는데, 지팡이나 모자 없이도 신사다움이 충분히 빛났다. 환대하는 폴란드 문화에서 이 시신 여행자를 모른 척할 수 없었으리라. 그는 내가 묵을 유스호스텔까지 안내하고 자기 번호를 주고는 다음 날 아침에 오겠다며 인사하고 돌아갔다. 그는 약속을 지켜 나를 도왔고, 그의 어머니는 폴란드 가정식을 대접해 주셨다.

어학 과정 1년을 마치고 첫 집을 구할 때도 마렉이 도움을 주었다. 그와 우리 부부는 서로 집에 초대해 밥도 먹고 차도 마셨다. 폴란드 차와 보드카 한 잔 놓고 하던 수다 잔치가 그립다. 마렉한테 빌린 책을 아이들 낙서투성이로 돌려준 일도 기억난다. 마렉은 1996년 우리가 한국으로 돌아올 때까지 벗으로 지냈다.

베를린 장벽이 무너지고 소련이 해체되면서 바야흐로 구공산권 선교 시대가 열렸다. 공산주의를 '이긴' 우월감에 도취한 기독교 단체와 교회마다 러시아와 구소련 선교를 위한 기도로 열병을 앓았다. 나를 갑자기 바르샤바에 가게 한 것도 바로 그 광풍이었다. 자비량自備糧, 즉 스스로 벌며 선교한다는 단체라 모든 게 쉬웠을 것이다. 유학생 신분이 가장 많았지만 우리처럼 어정쩡한 사람들도 있었다. 대책 없이 가라면 가는 부류였다.

1991년 9월 우리의 폴란드 첫 미션은 제2의 도시 우치 Łódź에서의 어학 공부였다. 외국인을 위한 어학교가 거기에만 있었다. 1년 등록금은 인당 3,500달러였고 두 사람 생활비까지 현금 1만 달러는 준비해 와야 했다. 우리는 월급 받는 선교사가 아니었다. 내가 빈으로 갈 때도 그랬듯 재원은 양가 부모 주머니였다(우리는 결혼할 때 혼수도 집도 안 하는 대신 선교자금을 지원받았다). 자고 나면 환율이 달라지던 폴란드에서 세계선교 꽃놀이에 도낏자루가 썩고 있없을 것이다.

견우직녀처럼 우리는 7개월 만에 우치에서 상봉했다. 내일도 알 수 없고 아는 사람도 없었지만 우리에겐 서로가 있었다. 기숙사 룸메이트, 공부 친구, 선교 동역자로 낯선 나라, 낯선 문화에서 우리만의 신혼이자 연애가 시작되었다. 우리 앞에 무엇이 기다리는지 알지 못했다. 한 남자를 사랑하기로 한 여자와 한 여자를 사랑한다는 남자에게는 오직 '믿음'만 있었다.

이 책을 쓰며 그때의 나를 꼭 안아 주고 등을 토닥토닥 두드려 줄 수 있었다. 그때는 맞았으나 지금은 틀리고, 지금은 맞고 그때는 틀리지만 "지나간 것은 지나간 대로 그런 의미가 있죠."라고 노래할 수 있었다. 편지마다 어리고 젊은 내가 보였고 나를 환대한 사람들이 눈에 들어왔다. 마렉을 비롯한 폴란드 벗들, 자비량 선교사들, 그리고 양가 부모님의 수고가 보였다.

그때 그분들보다 나이가 많아지고 만 이제야 머리 숙여 감사의 인사를 드린다. 정말 수고 많았습니다. 여러분은 어리고 불안한 나를 돕는 천사들이었습니다. 감사 또 감사드립니다. 또다시 부끄러움은 나의 몫.

다니엘 목자님,

이곳은 30도 안팎의 더위가 계속됩니다. 심심하면 뿌리던 비도 꽤 오랫동안 안 와 사람들 모두 벗고 다닙니다. C께는 그렇게 썼어요. 제가 먼저 폴란드 가면 혼자 살 방을 구해야 하는지 아니면 둘이 살 방을 구해야 하는지 물으면서, 개척 역사로 시작한다면 다니엘 목자님이 파송되는 게 좋을 것 같다고요. 한 번도 구체적인 언급이 없는데, 무슨 뜻인지 모르겠어요. 당신이 확신 있게 가을에 오신다고 말할 때마다 저를 안심시키려는 소리처럼 들리는 게 사실입니다. 현실에 부닥칠 때마다 믿음 없고 어린 제 속사람을 불쌍히 여겨 주시길 기도할 수밖에 없었습니다.

영덕에서 전화가 왔더군요. 어머니 왈, 전적으로 하나님께 맡기고 편하게 있었는데 자꾸 궁금하고 연락해 보고 싶은 게, 혹 도움이 필요한 거 아니냐고요. 우리 얘기를 어디서부터 꺼내야 할지 몰라 자세한 건 편지로 드리겠다고 했습니다. 밀양도 생신 때 이후 연락을 안 했는데, 무슨 말을 어떻게 해야 할지 모르겠습니다. 지혜가 필요합니다.

6월에 면접한 데서 일하러 오라 연락이 왔지 뭐예요. 여섯 살, 세 살짜리 두 아이 돌보는 아르바이트였죠. 단순노동 60실링인 거 알지만, 면접 때 내가 좋은 영향 줄 게 확실하니 80실링 달라고 했어요. 여러 일 안 하고 싶다고. 이제 다시 돈 들고 불안정한 폴란드로 우리를 보내시는 하나님이 야속하단 생각이 조금 들었습니다. 하나님이 기뻐하시지 않겠죠?

지금 5,000실링 정도 있습니다. 이달 생활비랑 방세는 냈고요. 국제 수양회 대비해 돈을 벌까 했지만, 덥고 기운 없어 맘이 안 내켜요. 어학 친구 아그녜시카가 녹음해 준 테이프로 폴란드어 발음을 겨우 배우고 있습니다.

1991년 7월 14일 빈에서 당신의 드보라

다니엘 목자님,

지난 7월 19일부터 31일까지의 독일 선교 여행을 짧게 보고하겠습니다.

7월 19일(금) 슈투트가르트 도착. F 선교사 댁에서 묵음. 소감 쓰며 폴란드 선교에 대한 새 마음을 품음. 23일 슈투트가르트 성과 시내 구경. G 선교사님 섬김받고 독일 학생들과 친교.

7월 24일(수) 보훔 도착. H 선교사님 댁에서 묵음. 창세기 15장 성경 공부. 오직 믿음을 강조하면서도 저를 어떻게 하기보단 폴란드에 대해 하나님께 맡긴다고 하더군요.

7월 25일(목) 쾰른 도착. I 선교사님 댁에서 묵음. 독일어로 두 쪽 소감 준비해서 주일 발표함.

7월 30일(화) 독일 각 지구 학생 소감 발표 들음. 밤에 J와 아헨으로.

7월 31일(수) 아헨 출발. 다음 날 0시 반 빈 도착.

저는 유럽 본부나 누군가가 폴란드 선교를 주선하는 줄 알았습니다. 의존적인 마음을 부인하고 I를 찾아갔습니다. C와 H의 방향에 나는 따르는 것뿐이라 발뺌하고 싶었는데, 결국 내 믿음과 결단이 중요한 거였습니다. H는 우리가 지게 될 경제적 부담을 말하며 아주 강력하게 일자리를 먼저 뚫으라고 제안했습니다. I는 먼저 어학 공부 하면서 가능성을 찾아보는 게 순서라고도 했고요. 고생할 각오하란 소리가 많더군요.

                1991년 8월 3일 빈에서 당신의 드보라

다니엘 목자님,

저는 현재 베를린에서 도르트문트로 가는 기차 안에 있습니다. 폴란드에서 한 주를 보낸 후 베를린 들렀다가 이제 네덜란드 국제 수양회 가는 길이죠. 월요일 저녁 루블린을 떠나 바르샤바에서 밤 11시 15분 기차를 탔습니다. 밤 기차는 처음이라 무서웠습니다. 혼자 다니는 사람은 저밖에 안 보였어요. 제가 탄 칸(8인용)에는 폴란드 남자 두 명과 저뿐이었습니다. 간절히 기도하고 과감히 눈을 붙이기로 했습니다. 옆자리 남자가 자리를 비워 주길래 가지고 간 침대 덮개로 몸을 싸고 의자에 누워 잤습니다. 건너편에는 폴란드 아저씨가 코를 골았습니다.

8월 6일(화) 밤 9시 반 바르샤바 도착. 거의 열두 시간 기차 여행에 지친 나를 같이 타고 온 폴란드 신사 마렉이 택시로 대학 근처 유스호스텔까지 바래다줌. 내일 집으로 초대하겠다고 약속하고 전화번호 주고 돌아감.

8월 7일(수) 아침에 근처 호텔로 옮김. 마렉 집에서 노모가 차려 준 폴란드 가정식 식사. 바르샤바 대학 심방. 헤맨 끝에 교수와 통화되고 금요일에 만나기로 약속.

오후 루블린 고시야와 통화.

8월 8일(목) 마렉과 함께 우치 어학교 관련 문의를 위해 문교부 방문. 시내 둘러봄.

8월 9일(금) 지쳐서 오전엔 쉬고 오후 2시 교수 만남.

8월 10일(토) 아침 9시 47분 기차로 12시 20분 루블린 도착. 역에서 기다리던 고시야와 만남. 집 가까운 데 호텔 잡음. 힘들어서 토하고 밥 못 먹고 잠.

8월 11일(일) 오순절 교회 예배. 오후 고시야 집으로 식사 초대. 고시야 가족 및 친구들과 교제.

8월 12일(월) 루블린 시내 둘러봄. 저녁 6시 반 기차로 출발.

넓은 땅, 가톨릭교회, 선반에 물건이 별로 없는 가게, 텅 빈 캠퍼스, 한국의 늦가을 논처럼 끝없는 밀밭. 말이 끄는 추수 기구도 보았어요. 가톨릭 국가라 신교나 선교회를 이단시하는 면도 있답니다. 캠퍼스 제자 양성의 의욕이 꿈틀대나요?

1991년 8월 15일 베를린에서 당신의 드보라

다니엘 목자님,

오늘은 유난히 당신이 보고 싶습니다. 빈을 떠난다고 생각하니 선뜻 짐이 챙겨지지 않습니다. 폴란드 대사관에 다녀왔습니다. 내가 바르샤바 가서 다 해결한 문제들인데 대사관은 아직도 회답을 기다리고 있더군요. 직원은 난처하고 슬픈 얼굴을 하고서 "이것이 폴란드니 하는 일 성공하길 빈다."라고 하더군요. 저는 폴란드에 더 목자의 심정이 생겼습니다.

D가 폴란드 개척에 쓰임 받게 되어 감사하다며 이곳에서 함께 헌금한 돈에서 1,500실링을 주네요. 택시 일이 무척 피곤해 보입니다. 비행기의 반값인 기차로 갈 거 같아요. 디른 메모디 1,000실링 정도 싼 게 있긴 한데, 짐 부치는 것까지 줄이면 이곳 월세 정도 금액이거든요. 내일 더 알아보고, 침대차로 1등 칸 좋게 갈 수 있으면 예약할까 합니다.

어쩌면 당신 출국 전에 보내는 마지막 편지가 되겠습니다. 폴란드에서는 공적인 편지만 부치겠습니다. 아, 행복해요. 더 힘든 나라, 더 오래 걸리는 나라에서 편지 기다릴 일은 없을 테니까요. 욕심을 부린다면, 겨울이 무서워서

툭툭한 바지와 치마 하나씩 정도? 영덕 어머니뿐이겠죠. 혹시 어머니가 물으면 말하세요.

                1991년 8월 22일 빈에서 당신의 드보라

두 번은 없다, 자유와 연대의 나라 폴란드

보고 싶은 친구 아시카,

요즘 나는 날마다 폴란드 앓이를 하고 있어. 보고 싶고, 그립고, 가고 싶고, 거듭 사랑한다고 말하고 싶구나. 무슨 단어로 내 마음을 다 표현할 수 있을까. 썼다 지우고 또다시 써 봐도 역시 언어가 모자라는구나. 아시카, 우리가 못 본 세월이 벌써 28년이라니.

2020년 1월에 주고받은 메일이 마지막 소식이었구나. 그때 한 치 앞을 못 보고 드디어 폴란드에 간다고, 비행기 표도 샀다고, 사흘이 멀다고 네게 메일을 썼더랬지. 2월 17일에 베를린에 도착해 20일 바르샤바로 가서 27일에 떠난다는 계획으로 날마다 지도를 들여다보았어. 그런데 출국일이 다가올수록 코로나가 숨통을 조여오더구나. 아무리 고민해도 답이 없었어. 여행이 취소되고 비행기표도 날려 버린 게 어느새 4년 전 일이네.

아프던 허리는 어떤지, 하던 일은 그대로인지 궁금하구나. SNS로 너희 식구들을 가끔 보고 있어. 우리가 거기 있을 때는 배구를 잠시 떠나 있던 야첵이 배구팀 감독으로 계속 일하는구나. 아다가 결혼해 아이를 낳고 아빠처럼 스포츠 일을 하는 게 보기 좋다. 아냐는 개성을 발휘해 문화 전문 방송인이 되었네. 아냐 모습을 방송으로 본단다.

폴란드를 떠나올 때 네 살이던 우리 큰놈 마르친은 직장 일로 미국에 가 있어. 3월 말 와서 결혼식을 올리고 파트너랑 같이 갔어. 사라는 대학 졸업 후 공무원으로 일하나가 3년 만에 집어시웠어. 로스쿨에 진학해 올해 졸업했고, 첫 시험에 떨어져서 다시 공부를 시작했어. 한국에서 태어난 요나단은 야첵처럼 운동을 잘해. 중학교 체육 선생님으로 첫 학교에 부임해 출근하고 있어. 다니엘도 나도 이제 거의 은발인 거 알아? 다니엘은 목회를 계속하고, 나는 작가로 활동가로 신나게 살고 있어.

폴란드는 내게 무엇이었을까

내가 폴란드와 사랑에 빠진 거 알지? 그때나 지금이나 내가 사랑하는 나라, 부를수록 더 그리운 이름 폴란드야. 아침부터 해질 때까지 폴란드어만 하던 우치 어학교 시절이 그립구나. 그 1년은 나와 다니엘이 폴란드 '어린이'로 거듭나는 시간이었지. 슬라브어 특유의 발음과 격변화를 다니엘은 좀 어려워했지만 나는 신나게 즐겼어. 이런 핀잔을 들을 정도였지.

"수업 시간에 당신 질문 좀 안 하면 안 돼? 잘 못 따라가는 사람들 생각해서 좀 살살하면 어때? 알아듣지도 못하는 사람은 어쩌라고 선생님하고 떠들며 폭주하냐고."

어학 시작 두 달 만에 나는 임신한 몸이 됐어. 입덧에 수업 멀미에 힘들었지만 멈출 수 없었지. 결국 수업을 완주하고 폴란드어와 폴란드 역사 두 과목 모두 최고 점수를 받고 졸업했어. 그 후 바르샤바로 이사해 15개월 터울 둘째를 낳았지. 다니엘은 노동비자를 받아 한국 회사에서 일했고, 나는 두 아이 독박육아 하는 아줌마로 살았어.

입덧으로 죽을 둥 살 둥 씨름하던 때가 기억나네. 한국에서 우편물이 왔는데 C의 사모 X가 메모를 보냈더구나.

"입덧 좀 한다고 절대 죽지 않습니다. 깨어 영적 싸움을 하고 폴란드 캠퍼스 제자 양성에 충성하길 바랍니다." 죽지 않는대. 그땐 그 말이 왜 그렇게 내 가슴에 뾰족하게 꽂히는지 잘 몰랐어. 서늘한 느낌만 생생히 기억나. 우리가 어떤 삶을 살았는지 느껴지니?

우리가 처음 만난 와지엔키 공원도 그립구나. 훤칠한 키에 아름다운 눈을 가진 네가 아냐를 태운 유아차를 밀며 다가오더구나. 나는 사라의 유아차를 밀고 있었지. 내 곁에서 마르친이 유아차에 묶인 띠를 잡고 걸었어. 아냐와 마르친은 같은 두 살배기였지만 연년생 동생을 둔 마르친은 걸어서 산책을 했지. 네 눈길이 띠를 잡고 걷고 있는 마르친을 놓치지 않더구나.

"멋있구나! 동생하고 둘이 타기엔 유아차가 너무 작지?"

참 따뜻한 목소리였어. 우리는 수다로 금방 친해졌지. 너는 내 인생에 찾아온 천사였단다. 사명이나 하나님의 영광 같은 거대한 이름 말고 사람의 얼굴로 다가온 천사였지. 아무 이념도 목적도 앞세우지 않은 만남이었어. 너는 결혼한 아줌마로서 내가 사귄 첫 아줌마 친구였고. 그야말로 봄날의 조우였지.

아시카, 낯선 나를 지나치지 않고 말 걸어 주어 정말 고마워. 바르샤바를 떠날 때까지 나와 우리 가족과 친구로 지내 준 것도 참 고맙고. 너의 언어, 문화, 음식과 돌봄까지 나눠 주며 곁에 있어 주어 고마워. 우리는 아이들 넷이 왁자지껄 노는 대가족이었어. 선교사도 목자도 사모도 아닌 드보라와 아시카로, 자유와 연대로 만난 우리였지.

그땐 미처 몰랐지만 그건 내 삶에서 커다란 방향 전환이었어. 폴란드에서 폴란드 사람과 어울려 사는 삶, 익숙하던 것들이 낯설어지고 내 안의 편견이 깨지는 경험이었지. 그 덕에 우리 부부 사이도 달라졌단다. 목자님, 선교사님 대신 드보라와 다니엘이란 이름으로 서로를 부르게 됐어. 폴란드어를 말할수록 존댓말도 사라져 갔지. 사명의 이름으로, 하나님의 이름으로 부풀려졌던 정체성에서 바람이 빠져나가고 사람의 언어가 들어왔어.

두 번은 없다, 그래서 나는 모른다

내가 한국으로 돌아온 1996년 폴란드 시인 비스와바 심보르스카Wisława Szymborska가 노벨 문학상 받은 거 기억하지? 폴란드 시인이라 나도 기뻐 박수를 쳤어. 수상 소감에서 이 시인은 영감에 대해 말했어. 영감보다 "나는 모른다."라고 말하는 게 더 중요하다고 하더구나. 그게 우리를 호기심으로 날아오르게 하는 힘이래. 이게 어디 시인에게만 해당하는 말이겠니?

나도 그런 생각을 했거든. 나는 폴란드를 몰랐으니까. 폴란드가 "나는 모른다."를 가르쳐 주었나 봐. 이전에 내가 믿고 있던 것들이 결코 영원불변의 진리가 아님을 알게 해 주었지. 내가 아는 것들이 쓸모없는 게 많더구나. 나는 거기서 외국인이자 이방인이자 아이로 다시 살기를 배운 셈이지. 나를 통제하는 이도, 지시하는 권력도 거긴 없었어. 스스로 다시 배우는 길, 자유와 연대의 나라 폴란드가 날이 갈수록 좋아지더구나.

아시카, 난 지금 우리가 함께 찍은 빛바랜 사진 한 장을 들여다보고 있단다. 1996년 4월 우리가 한국으로 떠나오던 바르샤바 공항에서 찍은 사진이야. 폴란드에서 함께한 가장 가까운 벗들이 우리 가족을 환송하려 모여 있어. 너는 두 딸 아다, 아냐와 함께 섰고 마르친과 사라를 돌봐 주던 한나 밥치아(할머니)도 보여. 나를 살뜰히 아껴 준 두 사람이지. 나와 함께 성경 공부를 하고 예배에 오던 대학생들도 왔어. 이자, 라덱 그리고 그의 친구. 사라는 할머니 손을 잡고, 나는 아냐 손을 잡고, 다니엘은 마르친을 안고 있네. 사진 속 내 표정 좀 봐. 폴란드를 떠나기 싫어 며칠 밤 울며 잠을 설친 얼굴, 웃을까 울까 애매한 표정이 그때의 내 심정을 보여 주는구나.

삶은 모르는 건데 '믿음'으로, 하나님의 이름으로 안다고 믿으려 애쓴 시절이었어. 지나온 시간을 돌아볼수록 나는 모른다, 고백하지 않을 수 없구나. 모르는 것은 모르는 채로 남겨 둘 수도 있지 않을까.

아시카, 우리가 함께한 시간에 감사해. 그때 나를 도와주며 폴란드를 알게 해 줘서 고마워. 익숙한 것들을 흔들고 깨뜨리며 내가 모른다는 걸 알게 한 시간에도 감사해. 지금도 분명한 건 나는 모른다는 사실이야. 그래서 지금 여기가 새롭고 고맙고 아름다워. 바르샤바를 흘러나온 강물이 거기로 되돌아 흘러가는 법이 없듯 삶은 매일 새로워 두 번이 없구나. 시인의 말처럼 반복되는 하루는 단 하루도 없었고, 똑같은 밤도 없었어. 언제나 새로운 오늘이 고맙구나. 두 번은 없다. 그렇지?

우리 조만간 보자 친구야!

바르샤바여 안녕!

니에포들레그워시치Niepodległość. 폴란드어로 '독립'이란 말이다. 폴란드어의 독특한 발음과 철자 조합이 돋보이는 이 단어는 바르샤바 중심부에서 남쪽으로 뻗은 대로의 이름이기도 하다. 2차 대전의 잿더미에서 다시 일어선 도시의, 독립과 자유를 위해 싸운 사람들의 거리 '독립로'는 바르샤바에서의 마지막 해에 우리가 살던 집의 주소였다. 끝내 부서지지 않고 100년을 살아남은 건물 6층에 우리 가족이 살았다. 방 세 개, 월세 650달러, 성경 공부와 교제를 위한 독립 공간이 있는 멋진 집이었다.

1996년은 폴란드에서 맞은 다섯 번째 새해였다. 1993년 첫 직장에서 덕이 500달러로 시작했을 때 폴란드 직원들은 200달러를 받았다. 월급은 계속 올라 1,500달러가 되었다. 폴란드어를 하며 바르샤바에 사는 한국인으로서 덕은 한국인 사업가들의 러브콜을 받았다. 현지 상황에도 밝았기에 새해에는 독립해 사업을 해 볼까 구상하기까지 했다. 우리는 폴란드와 사랑에 빠진 사람들이었고, 가깝게 지내는 폴란드 벗들과 이웃이 늘어 가고 있었다.

문제는 선교 사역이었다. 덕이 출근하고 나면 나는 두 아이 엄마 역할을 하다 하루해가 저물었다. 폴란드 대학생 선교를 위해 왔건만 가시적 결과는 고사하고 의미 있는 관계를 만들기조차 어려웠다. 세 살이 된 큰아이라도 어린이집에 보내고 싶었지만 울어 대는 통에 사흘 만에 포기해야 했다. 나는 언제까지 아이 엄마로 묶여 살아야 하나 답답해지곤 했다. 새벽에 깨어 기도하며 눈물을 쏟곤 했다.

"명색이 선교사로 왔는데 이게 뭡니까? 먹고살고 애만 키우면 되나요? 그럴 거면 왜 굳이 바르샤바입니까? 이게 무슨 선교입니까? 이러려고 여기까지 보냈나요? 애들도 주님의 양이잖아요. 애들한테 엄마가 필요한데 저는 어찌해야 하나요? 폴란드 양들은 어떻게 하나요? 제발 길을 보여 주세요. 저희를 쓰신다는 걸 보여 주세요. 사람들 눈에 제 얼굴이 예수님으로 보이고 귀에는 예수님 목소리로 들리게 해 주세요. 제가 가르치면 믿게 해 주세요. 그런 학생을 만나게 해 주세요. 이대로는 답답해서 못 견디겠어요. 도와주세요."

그렇게 대학생 이자와 라덱을 만났고 해가 바뀌도록 사

권이 이어지고 있었다.

폴란드를 떠나게 될 줄이야

청천벽력은 이럴 때 쓰는 말이지 싶다. 한국에서 별별 소식이 들려오더니 새해가 되자 우리를 한국으로 부르는 소리가 들렸다. 우리를 파송한 지부의 담임 C가 중국 선교사로 파송되고 본부의 A가 그의 후임으로 인사이동 했다. 말로 옮기기 힘든 불미스러운 소문도 뒤따랐다. 한국과 세계 곳곳에서 편지가 오고 C는 중국에서, A는 한국에서 편지를 보내왔다. 각각 하나님의 인도하심을 따라, 성령의 강권을 따라 보냄을 받았다고 했다.

더이 안산 지부의 담임으로 외 달리는 제인이었다. 신교사 한 가정을 불러들이자니 몇몇 후보가 거론되었을 텐데, 공부 중이거나 학위를 마치고 자리 잡은 사람들은 갑자기 떠날 형편이 아니었을 것이다. 우리 같은 자비량 선교사가 조건에 맞았을 테다. 덕이 암스테르담에서 A를 만나고 돌아왔을 때 폴란드를 떠나는 게 기정사실로 보였다. 나는 눈물 속에 잠 못 드는 밤을 보내야 했다.

폴란드를 떠나게 되리라곤 꿈에도 상상해 본 적 없었

다. 이곳에 '뼈를 묻을' 각오로 온 우리 아니었던가. 입덧하고 멀미하며 뭐 하러 어학을 그렇게나 열심히 했을까. 두 아이와 사역 사이에서 자신을 닦달해 온 시간은 무엇이었나. 자비량 선교는 그저 꿈이었을까. 이제 조금씩 공동체가 만들어지고 있는데, 그동안 쏟은 땀과 눈물이 아까워 미칠 것 같았다.

문제는 그 무엇도 내가 폴란드를 떠나지 않을 이유가 못 된다는 점이었다. 애당초 내 뜻으로 선택하고 결정한 일이 아니었다. 그러니 떠나야 할 이유도 못 떠날 이유도 내게는 없었다. 어쩌면 스스로 판단할 능력이 없었다는 게 진실에 더 가까울 테다. 가래서 갔듯이 오라면 오는, 그 선택지만 보였다. 그것이 "지시를 따랐을 뿐"이라는 나치 전범 아이히만의 변명과 닮았다는 사실을 그때는 생각조차 못 했다.

하지만 내 마음의 소리는 분명히 한국에 돌아가기 싫다고 했다. 어두운 그림자가 덮쳐 오는 느낌과 잊어 가던 이름인 '사모'로 살게 되리란 예감 때문이었다. 이대로 독립은 멀어지는가. 그때 돌아오지 않았다면 우리는 독립로 꽃길만 걸었을까? 우리가 돌아온 이듬해 IMF가 닥쳤다.

폴란드에서 실업자가 되어 한국으로 돌아오게 되었을지 알 수 없다. 1996년 4월의 선택이 무슨 의미였는지 나는 여전히 잘 모르겠다.

중고 세탁기와 사모 선서

우리 가족을 태운 차가 김포공항을 출발해 서울 거리를 달렸다. 번쩍이는 큰 차들이 도로를 가득 채우고 있었다. 들쭉날쭉한 건물에 거대한 간판들이 여기가 한국임을 보여 주고 있었다. 가장 낯선 건 사람들의 모습이었다. 머리 염색이 유행인 듯했다. 여자들은 하나같이 긴 생머리에 거무스름한 립스틱을 바르고 굽 높은 신발에 통 넓은 바지 차림이었다. 1996년 4월이었다.

같은 머리 모양, 같은 디자인의 옷이 너무 많았다. 패션이 다 똑같아 보였다. 떠나기 전에도 유행이 있었을 텐데, 겨우 6년 만인데도 굉장히 낯설었다. 모두가 똑같은 생각을 하고 똑같은 방식으로 사는 이상한 나라에 갑자기 던져진 기분이었다.

'그래, 나는 한국에 다시 선교사로 온 거야. 한국을 모르는 거다. 폴란드는 잊자. 이곳을 받아들이자.'

그런 생각을 하며 안산에 도착했다. 우리 가족을 위해 준비한 방 두 개짜리 좁은 전셋집은 1, 2층이 상가인 다가구 건물 3층에 있었다. 아이들 손을 이끌어 올라가니 복도를 사이에 두고 작은 문이 다닥다닥했다. 문을 열고 들어가면 바로 부엌이 있고, 왼쪽에 화장실, 정면에 방 두 개가 붙어 있었다. 자그마한 싱크대와 작은 냉장고, 4인용 식탁만으로도 부엌이 꽉 찼다. 화장실에는 중고 세탁기가 놓여 있었고 세면대도 없었다.

폴란드에서 살던 넓은 집이 생각나 한숨이 나왔다. 무엇을 믿고 무엇을 기대하고 여기에 왔을까. 해 질 녘이 되자 큰놈이 집에 가자고 졸랐다. 둘째도 자기들 놀던 방에서 놀고 싶다고 징징댔다. 아이들을 달래며 속으로 울음을 삼켰다.

멈춰 버린 중고 세탁기

단체에서 월급을 받는 전임 사역자와 배우자는 매주 선교 본부 모임에 참석해야 했다. 나는 전국에서 모이는 '사모 모임'에 가기 전에 서울의 모교 지부 사모 모임에서 한국 적응 시간을 보냈다. 매주 설교문에 근거한 소감을 써서 발표하고 신앙과 생활의 교제를 나누었다.

폴란드에서는 우리 가정이 중심이었지만 이제 나는 20여 명 공동체의 엄마이자 주부 역할까지 해야 했다. 정신없는 안산 생활이 한 달쯤 지날 무렵 세탁기가 멈춰 섰다. 중고라 어째 처음부터 마음이 불안하더라니. 그 주 사모 모임에 갈 때 고장 난 세탁기 이야기를 글로 쓸 수밖에 없었다.

"지난 한 주간은 고장 난 세탁기 때문에 마음이 심란했습니다. 자취 생활도 아니고 애 둘 있는 가정에 어떻게 중고 세탁기를 준비했을까, 처음부터 이해할 수 없는 일이었습니다. 결국 멈춰 버린 중고 세탁기가 제 모습처럼 보였습니다. 오라면 오고 가라면 가는 나그네로 폴란드를 떠나 안산으로 온 게 잘한 일인지, 저 역시 망가질 세탁기인지, 하나님은 우리를 어떻게 하실지, 회의와 번민이 몰려왔습니다. 한국에 온 뒤로 집안일이 어떻게 돌아가는지 관심 없는 다니엘 목자님에 대한 불평불만도 고개를 들었습니다. 아이들에게도 제게도 무관심하고 센터 일에만 몰두하는 모습이 낯설고 저 혼자 감당하기가 힘들었습니다. 이렇게 믿음 없고 감사할 줄 모르는 제 내면을 고백하고 회개합니다."

다 버리고 떠났다가 어느 날 갑자기 또 버리고 되돌아오니 힘들다는 하소연이었다. 그럴 만하다, 고생한다, 위로받고 싶었을 것이다. 힘들었지만 자비량 선교사로서 자유롭게 살다가 지금 얼마나 갇힌 느낌인지, 경제적으로 얼마나 답답한지, 공감받고 싶었을 것이다. 멈춰 버린 중고 세탁기가 딱 안산에 멈춰 버린 내 꼬락서니와 닮았다고 말이다. 그러나 내 소감을 들은 리더 사모 J는 별말이 없었다. 아니, 그의 말에 내 마음이 더 외로워졌다.

"안산으로 오는 믿음의 결단에 하나님이 복 주실 것이다. 가난하게 사신 예수님을 바라보고 인내를 배우라. 한 알의 썩는 밀알이 되면 풍성한 열매가 있을 것이다. 자기를 부인하고 자기 십자가를 지라. '주님의 종'과 결혼한 사모는 남편에게서 사랑받고 싶은 자기를 부인해야 한다. 말씀의 종을 위해 기도하는 게 사모의 첫째 사명이고 자기 십자가다."

대충 이런 요지였다. 세탁기에 관해서는 한마디도 없었다. 부실한 중고품을 사도록 해서 미안하다거나 돈이 없어서 그랬다며 마음에 없는 사과라도 했더라면 얼마나 좋았을까. 리더도 그 자리에 있는 누구도 세탁기에 대해 묻지 않았다. 나도 더 이상 말하지 않았다. 그날 돌아와 가진 돈을 털어 새 세탁기를 샀다. 고장난 중고 세탁기를 수리해 가며 속을 끓이고 살 때가 아니었으니까.

사모 선서

안산에서 두 번째로 맞이한 새해인 1998년에 셋째를 낳았다. 아이의 백일이 지나자 나는 선교 본부 사모 모임에 가야 했다. 나서림 새롭게 사모 모임에 들어오는 사람들이 반드시 거쳐야 하는 통과의례가 있었다. 전국 사모 모임에서 하는 소감 발표와 사모 선서였다.

따스한 봄날이었다. 마치 100명의 시어머니를 모시듯 나는 긴장하고 있었다. 최연장자 사모 그룹이 맨 앞쪽에 앉았고, 뒤로 갈수록 젊은 사모들이 질서정연하게 자리를 채웠다. 신입 사모들은 대부분 나와 같은 60년대생이었고 가장 젊은 사람이 1974년생이었다. 나를 포함해 여섯 명의 여자들이 차례로 앞에 나가 소감을 발표했다. 구원과 부르심에 대해, 사모로서의 소명과 자세에 대해 고백하는 글이었다. 이어서 오른손을 들고 선서문을 소리 내어 읽은 뒤 서명하여 리더 사모에게 제출했다.

선서

본인은 ○○선교회 스태프 목자 사모로 부르심 받은 것을 무한한 영광으로 생각하는 바입니다. 지금까지 성경 말씀을 통하여 구원의 은혜를 덧입고 캠퍼스 복음 역사와 세계선교 역사에 헌신케 하심을 감사합니다. 이제부터 산 소망을 더욱 굳게 붙잡고 주님만을 사랑하며 정다니엘 목자님을 기도로 동역하며 겸손히 순종하여 성서한국과 세계선교 역사에 충성할 것을 선서합니다.

아울러 선배 사모님들로부터 겸손히 배우며, 성령의 그릇을 이루기에 힘쓸 것을 하나님과 동료 사모님들 앞에 선서하는 바입니다.

1998년 4월 스태프 사모 정드보라

그렇게 우리 관계는 '주의 종'과 '그의 배필'이라는 질서

속으로 밀려들어 가고 있었다. 비교하며 먹는 맛으로 어느 멋있는 영국 남자의 결혼서약서도 옮겨 본다. 1851년 3월 6일, 존 스튜어트 밀이 해리엇 테일러와 결혼하며 했던 서약이다. 무려 173년 전에 평등 결혼을 서약한 사람들도 있건만 교회는 아직도 순종 타령하며 성별 위계에 집착한다. 포괄적 차별금지법 제정을 극렬히 반대하는 그들은 대체 어떤 예수를 믿는 걸까?

결혼서약서

그녀의 동의를 얻어 한없이 기쁜 나는, 나의 생애에서 알았던 유일한 여인과 결혼의 관계로 들어간다는 것, 즉 그 상태로 그녀와 들어산다는 것을 선언한다. 그리고 기존의 법률이 규정하고 있는 결혼 관계의 모든 성격을 그녀와 나는 우리의 양심을 걸고 완벽하게 거부한다. 기존의 법적 성격은 무엇보다도 계약된 쌍방 중 일방에게 상대방의 행동의 자유와 재산권과 인격을 상대방의 소망과 의지에 무관하게 제어할 수 있는 법적 권리를 부여하고 있기 때문이다.

나는 가증스러운 권리를 법적으로 제거할 수 있는 수단을 현재로서는 가지고 있지 못하기 때문에 기존의 결혼법에 대한 정식적 항의를 문서화시켜 남겨 둘 의무를 느낀다. 이것은 이러한 권리가 부여되는 한에 있어서는 어떠한 상황에도 그러한 권리를 사용하지 않겠다는 신성한 맹세이다.

테일러 부인과 나 사이에서 성립하는 결혼의 체제에 나는 다음의 선언이 나의 의지와 의도에 적합하며 우리 둘 사이의 계약의 조건에 합당하다고 생각한다. 그녀는 그녀 자신과 그녀에게 속하고 앞으로 속할지도 모르는 모든 것을 처분할 자유와 완전한 행동의 자유를 나와 동등하게 지니며, 결혼이라는 사건이 일어나지 않은 것과도 같은 개체로서의 모든 권리를 지닌다. 그리고 나는 그러한 결혼이라는 사건의 덕택으로 얻어진다고 생각되는 모든 권리의 허울을 완전히 부정하고 포기한다.

1851년 3월 6일 존 스튜어트 밀

주의 종에게 아기띠를 하게 하냐고?

"간다 간다 하면서 아이 셋 낳고 간다."

하겠다고 말은 하지만 실행하지 못하거나 계속 늦어질 때 쓰는 속담이다. 애를 셋이나 낳도록 지체되었으니 이제 아주 못 갈 수도 있겠다. 선녀와 나무꾼 이야기에서도 선녀가 애 셋 낳기 전에는 날개옷을 보여 주지 말라고 했다. 애 하나는 업고 둘은 옆구리에 끼고 선녀가 하늘로 올라가는 버전도 있다지만, 애 셋은 분명 문제적이다.

한때 비혼주의자를 꿈꾸던 내가 애 셋 딸린 아줌마가 되었다. 뭘 알았으면 절대 그런 일은 없었으리라. 뜬구름 좇는 청춘에 결혼 주례사가 "생육하고 번성하라." 아니었던가. 열심히 사랑하며 '말씀 따라' 살다 보니 그리되었다. 애 셋 딸린 나는 이제 날개옷을 잊어 버린 아줌마로 살 팔자일까?

셋째는 아빠가 낳았지

띠동갑 셋째라서일까, 조금만 더 시간을 끌면 난산이 될 수 있었다. 분만대에 올라간 뒤 한 시간은 흐른 느낌이었다. 아이 머리가 보인다는데 나는 기운이 달렸다. 진통이 와도 힘주긴커녕 숨 쉴 기운조차 없었다. 숨을 못 쉬면 기운은 더 없어지고 아이에게 산소 공급이 안 된다. 이런 식으로 산모와 아이가 위험해지는구나, 영화에서 본 장면들이 이해되는 순간이었다.

"아, 더는 못하겠어. 억지로 끄집어내든 배를 가르든 알아서 해 줘, 제발."

내가 들리지도 않을 소리로 내뱉었다. 진심이었다. 포기할 수 있다면 하고 싶었다. 순간 분만대에 붙어 선 덕이 내 오른손을 더 힘 있게 잡았다. 그의 머리가 내 오른쪽 귀에 바싹 붙더니 힘 있게 속삭였다.

"이제 다 됐어. 조금만 참아. 자, 다 왔어."

코치의 구호에 맞춰 달리는 선수처럼 다시 진통의 파도에 올라탔다. 영혼까지 끌어모아 숨을 들이쉬고 다시 힘을 주었다. 덕이 함께 호흡의 파도를 타며 간절하게 소리쳤다.

"주여! 주여! 힘 주소서 주여!"

그의 뜨거운 입김이 내 귓속으로 몰아쳐 들어왔다. 나는 그 힘에 실려 가듯 마지막까지 힘을 주고 가쁜 숨을 쉴 수 있었다. 우리의 잡은 손이 땀으로 미끈거렸다. 힘찬 아기 울음소리가 들렸다.

"이런 감동적인 분만은 처음이에요! 분만이 아름다울

수 있다는 걸 알게 됐어요. 감사해요."

간호사가 눈물을 글썽이며 고백했다. 곁에서 인상 좋은 의사가 우리를 보며 맞장구쳤다.

"맞아요. 제가 약속하고도 꼭 들어오시려느냐 시비를 걸었는데, 크게 실수할 뻔했어요."

그랬다. 동네 산부인과 의사는 전례가 없다며 덕이 분만실에 들어오는 걸 어렵게 허락했더랬다. 폴란드에서 두 애를 낳을 때도 부부 함께 분만이었지만, 막내 때는 고통이 더 컸기에 숙덕의 동지애도 더 커졌다. 이후 우리 집에서는 "막내는 아빠 힘으로 낳았어."라는 우스개가 전해지게 되었다.

주의 종에게 아기띠를 하게 했냐고?

세 아이 엄마로서 나는 늘 체력이 달려 헉헉댔다. B형 간염 보유자라 자신할 수 없는 건강이었지만 '오직 믿음'이 건강을 지켜 준다고 믿고 살던 때였다. 막내를 젖 먹여 재울 때는 내가 기진해 먼저 잠들어 버리고 아이는 깨어 노는 일이 흔했다. (나는 2014년 간암을 진단받고 간 20퍼센트를 잘라 내는 수술을 받았다. 이후 병원을 버리고 단식과 자연식

등 자연 치유를 실천해 2017년 B형 간염 항체를 얻었다. 이전보다 훨씬 건강해진 몸으로 살며 그 경험을 바탕으로 《내 몸은 내가 접수한다》(생각비행, 2022)를 썼다.)

허리가 약해 가사노동도 세 아이와 놀아 주는 일도 늘 힘에 부쳤다. 할리우드 배우들이 한 팔에 아이를 끼고 활보하는 모습을 부러움 가득한 눈으로 보곤 했다. 한 팔은커녕 두 팔로도 힘들거니와 혼자 아이를 유아차에 태워 외출하는 것도, 아이들 데리고 대중교통을 이용하는 것도 모두 중노동이었다. 첫째 때부터 아이들을 몸으로 돌보는 일은 덕의 몫이었다. 씻기기, 함께 뒹굴기, 공놀이, 운동 가르치기, 그리고 외출 시 아기띠 하기 등은 덕이 도맡았다.

1998년 4월 하순의 어느 일요일, 부활절을 기념해 안산과 서울 두 공동체가 연합 예배로 서울에서 모였다. 안산 공동체 식구들이 우리 가족과 함께 전철을 타고 서울로 '나들이'를 했다. 아이가 있는 집은 아기띠를 하고 더러는 자동차로 이동했다. 모처럼 설교를 안 해도 되는 날이라 덕이 젖먹이 막내를 아기띠로 안고 아기용품 가방을 메었고, 나는 여섯 살 훈이와 다섯 살 지야 손을 잡고 갔다.

예배 장소는 캠퍼스 내 동문회관이었다. 캠퍼스에 벚꽃

잎이 흩날리고 푸른 새순이 아기 손처럼 사랑스럽게 피어나고 있었다. 놀이공원에라도 온 듯 즐거워하는 아이들 손을 잡고 널찍한 예배 장소로 들어갔다. 오랜만에 만난 믿음의 선후배들과 진하게 악수도 하고 수다도 떨었다. 아이들과 자리를 잡고 앉으려 할 때였다. 서울의 담임 목자 A의 사모 J가 다가왔다.

"사모님은 무슨 생각을 하고 사는지 모르겠군요. 어떻게 예배 오면서 주의 종에게 아기띠를 하게 할 수가 있어요? 어서 다니엘 목자님한테서 아기를 받으세요!"

즐거운 잔치 분위기에 갑자기 찬물이 끼얹어졌다. 어떻게 반응해야 할지 잠시 생각하는 사이 J는 엄한 시어머니처럼 한 번 더 다그쳤다.

"사모가 주의 종을 그렇게 동역하는 거 아닙니다. 어디서 배웠어요? 어서 아기 받아 와요."

나는 아이들이 알아들었을까 봐 좀 민망했다. 다행히 아이들은 자기들끼리 장난하느라 정신없었다. 나는 왜 이런 상황이면 목소리가 안으로 잠겨 들어갈까. 알아들었다는 표정을 지어 보이곤 아이들을 먼저 자리에 앉게 했다. 고개를 들어 보니 몇 발짝 떨어진 데서 다른 사람들과 인사하던 덕이 어느새 곁에 와 있었다.

"아기띠요? 힘센 아빠가 매는 게 낫죠. 허리도 약한 사람이 아기띠 메고 장거리 다니는 건 무리예요. 저한텐 일도 아닌데 이럴 때 책임지는 게 맞잖아요?"

덕은 심각할 필요 없다는 듯 아주 유쾌한 얼굴로 말했다. 웃는 낯에 침 뱉을 수 없었을까, J는 더 말할 의욕을 잃은 듯 자기 자리로 돌아갔다. 아무 일 없었던 듯 다섯 식구가 나란히 앉아 예수의 부활을 찬양할 수 있었다. 막내는 아빠 품에서 새근새근 계속 잤다. 죽음을 이기고 부활한 예수는 지금 여기 아줌마의 인생에 무슨 의미일까, 골똘히 질문하는 시간이었다.

《여성신문》과의 조우

두 돌 넘긴 막내를 이웃 할머니께 맡기고 서울의 사모 모임에 가는 길이었다. 상록수역 플랫폼에서 전철을 기다리던 중 옆 사람이 읽는 신문이 눈에 들어왔다. 내가 모르는 내용으로만 도배된 신문이라 나도 모르게 빨려들 듯 읽고 있었다. 호주제 폐지 투쟁, 부모 성 함께 쓰기, 처음 보는 여성 단체 이름 등등 뉴스마다 여성 이야기라 낯설기만 했다. 모르는 게 이렇게 많은데 어찌 지나치랴.

"죄송한데 이거 무슨 신문이에요? 어디서 살 수 있을까요?"

가판대에서 본 적 없는 신문 같았기 때문이다. 불쑥 들이댄 나를 중년 여성은 미소 띤 얼굴로 바라보았다. 가방에서 주소와 전화번호가 적힌 종이를 꺼내 건네며 친절하게 말했다.

"《여성신문》이라고 해요. 여기로 전화하세요. 구독 신청하면 받아볼 수 있어요."

사역과 가정에 코를 박고 살던 아줌마와《여성신문》의 조우였다. 그날 바로 구독 신청을 했다. 역시 예감이 맞았다. 1989년 말에 창간한 국민주 신문이자 한국 유일의 여성 정론지였다. 해직 기자들이 1988년《한겨레신문》을 창간한 것과 같은 맥락이었다. 한국은 1987년 이후 많은 변화가 있었다. 잠시 유럽 공기를 쐬었다지만 나는 여전히 80년대를 살고 있었을 것이다.

《여성신문》구독은 내 본능에 스파크를 일으켰다. 내 시야가 얼마나 좁은지 알게 되어 놀라며 읽었다. 골방에서 쪽창으로 비쳐 드는 햇빛을 따라가듯 나는《여성신문》

을 통해 비로소 바깥으로 눈과 귀를 열 수 있었다. 내가 배우고 경험한 것, 내가 속한 단체, 내가 믿는 것을 다른 렌즈로 보기 시작했달까. 신문에 나오는 사건이며 인물이며 책이며 영화며 모든 정보를 놓치지 않고 공부했다. 신문을 탐독하는 내 곁에서 덕은 가끔씩 빈정대곤 했다. 내가 낯선 길로 가는 게 두려워서 그랬을 것이다.

"저렇게 여성운동이랍시고 하는 여자들은 집에선 애들하고도 남편하고도 엉망으로 살 거야. 밖에서 설치고 다니니 집안 꼴이 어떻겠어? 믿음 있는 여자들은 저렇게 욕먹을 짓 하지 않아."

나도 그렇게 생각하던 때라 반박하진 않았다. 나는 속으로 그를 달래는 주문을 외웠다.

'난 그런 여자 아니잖아요. 그런 일 없을 테니 걱정 붙들어 매셔.'

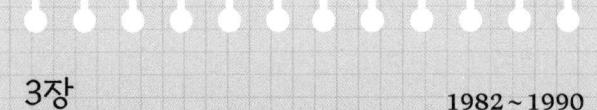

3장 1982~1990
그때도 알았더라면

나를 뭐로 보고 감히 이딴 편지를!

중학교 2학년 어느 봄날이었나. 학교에서 돌아와 부엌에서 엄마를 도와 아궁이 불을 때고 있는데 "편지요!" 우체부 소리가 들렸다. 내 앞으로 온 편지였다. 보낸 사람이 누군가 잠시 낯설었는데 고향 이웃 동네 살던 코흘리개 남자아이 덕수였다. 내가 영해로 전학 온 뒤 그 아이는 경주로 전학 갔다더니, 5년여 만에 기억나는 이름이었다. 부모님들이 서로 아는 사이, 한 학년 한 반뿐인 시골 학교에서 2년간 같은 반이었던 사이. 이게 우리 사이의 전부였다.

예상하지 못한 남자아이의 편지에 나는 내심 당황했다. 긴장되었지만 태연한 척 편지를 뜯었다. 엄마 보는 앞에서 행여 연애편지이기라도 하면 어쩌나, 난감한 상황이 걱정될 뿐이었다. 이 자식을 어떻게 혼내 주지? 그 생각부터 했다. 내가 코흘리개랑 연애라도 하는 것처럼 보일 수는 없었다. 우리 엄마가 누구인가. "집에서 회초리를 아끼면 나가서 남한테 욕먹고 다닌다."라는 분 아닌가.

커가는 내 몸과 마음이 안심이 안 되었는지 엄마는 사춘기 딸을 더 엄하게 단속했다. 여자니까 가시나니까 행동거지를 항상 조심하라고 했다. 평소 학교와 집만 오가는 모범생이었지만 내가 워낙 활달하고 엉뚱한 면이 있어서 엄마는 불안했을 게다. 어쩌다 날 저물어 다니기라도 하면 난리가 나곤 했다.

며칠 전 교회 학생회가 늦게 끝난 날 밤에도 그랬다. 고등부 남학생 회장이 중등부 셋을 차례로 집까지 데려다줬는데 우리 집이 맨 마지막이었다. 집 앞에 도착하기 무섭게 나는 기다리던 엄마에게 끌려 들어갔다. "교회당이 연애당이 됐다."라는 지청구를 들어야 했고 매도 맞았다. 그런 때면 나는 울지도 않고 침묵하는 아이였다. 나를 믿지 않고 말할 기회도 안 주는 사람에게 눈물을 보이는 건 자존심 상하는 일이었다. 나름의 저항이었던 셈이다.

또 그런 일이 닥치지 말란 법은 없었다. 그러나 코흘리개 소년의 편지는 내용도 시답잖고 길이도 짧았다. 계절이 어쩌고, 고향이 저쩌고, 공부가 어쩌고, 매일 나를 생각하네, 좋네, 그러다 꼭 답장하라는 당부로 끝났다. 이런 시시껄렁한 글 쪼가리 때문에 엄마 앞에서 바짝 긴장해야 했다니. 엄마가 어떻게 오해할지, 어떻게 반응할지 몰라 얼굴을 쳐다볼 수가 없었다.

"나를 뭐로 보고 감히 이딴 편지를 써! 에이, 천하에 한심한 놈!"

나는 버럭 소리를 지르며 쥐고 있던 편지와 봉투를 거칠게 구겨 버렸다. 그리고 이글거리는 아궁이 불에 휙 던져 버리고는 타들어 가는 꼴을 씩씩대며 지켜보았다. 엄마는 어리둥절한 얼굴로 나와 아궁이를 번갈아 보더니 달래듯 말했다.

"가가 원래 어릴 때도 엉뚱했니라. 놀리는 가시나들 때려 준다고 우리 동네까지 돌멩이 들고 따라오던 아잖아. 공부할 땐데 쓸데없는 짓 하는 거 봐라. 아가 많이 싱겁구먼."

행여 나까지 싱거운 사람 될까 봐 나는 황급히 부엌을 떠났다. 내 방으로 가며 엄마에게 잘 들리도록 큰 소리로 바락바락 소리를 질러 댔다.

"지가 뭔데 나 좋다고 지랄이야. 나를 알아? 무슨 상관이냐고!"

방문을 꽝 소리 나게 닫고 책상 앞에 앉았다. 깊은숨을 들이쉬고 내쉬며 마음이 진정되길 기다렸다. 어릴 적 코 질질 흘리며 따라오던 촌놈의 번들거리던 이마가 떠올라 피식 웃음이 났다(친구야 미안하다. 우리는 중년이 되도록 좋은 친구로 지내고 있다). 감히 나를 여자로 보다니, 건방진 놈을 손봐 줘야 했다. 그러나 나는 알고 있었다. 이 야단법석 뒤에는 엄마가, 엄마를 의식하는 내 마음이 있다는 사실을. 엄마한테 오해받기도 야단맞기도 싫다고 온몸으로 항변하고 있는 내 마음을 엄마는 알까 모를까.

"얌전한 고양이 부뚜막에 먼저 올라간다더니 누구네 딸처럼 아무나 만나는 거 아니데이."

"여자가 쉽게 보이면 남자가 함부로 건드리게 돼 있다."

"여자와 접시는 한번 깨지면 못 쓴다."

코흘리개 남자아이 때문에 엄마한테 그딴 소리 듣는 건

정말이지 자존심이 허락하지 않았다. 내 결백을 어떻게 증명한단 말인가. 당신 딸이 다른 집 아들한테 휘둘리기라도 하는 줄 오해하게 둘 수는 없었다. 나는 가슴을 다독이며 고요히 앉아 있었다. 이상한 일이었다. 엄마가 내 마음을 알아차린 걸까. 나무라는 소리가 없었다.

그날 나는 밤늦도록 책상 앞에 앉아 있었다. 가만히 있으면 가마때기인 줄 알 테니 내가 결코 만만하지 않다는 걸 보여 줘야 했다. 영어 편지를 보내기로 했다. 놀랍게도 봉투에 적혀 있던 주소가 또렷이 기억났다. 일별하고 아궁이에 던졌건만 이 놀라운 기억력이라니. 성문영어와 영어 사전을 뒤져 가며 문장을 고르고 응용했다. 필기체로 휘갈겨 편지지 반 장을 채웠다. "나를 뭐로 보고 이딴 편지냐. 공부나 해라. 철없는 애하고 놀 생각 없다. 편지는 아궁이 불에 던졌다. 만약 또 보내면 안 읽고 바로 불태워 버릴 테니 그리 알아라." 뭐 그런 엄포였다. 다음 날 학교 가는 길에 아무도 모르게 편지를 부쳤다. 엄마는 그 일에 대해 다시 언급하지 않았다. 편지도 다시 오지 않아 코흘리개는 잊혔고, 나는 고등학생이 되어 대구로 떠났다.

여고 1학년 어느 날 우리 학교 앞에 그 녀석이 교복 차림으로 나타났다. 당황스러웠지만 내 눈엔 여전히 시시한 고향 아이로밖에 안 보였다. 그 아이가 세상 진지한 얼굴로 말했다.

"그때 네가 보낸 편지 문장은 거의 성문영어에서 가져온 거더라? 맞지?"

뜬금없는 질문에 내가 콧방귀 뀌듯 무심하게 되물었다.

"그래서 뭐? 뭔 뜻인지는 알겠더냐?"

녀석이 역시 진지한 태도로 말했다.

"좋은 문장이라 내가 싹 다 외워 버렸잖아. 지금도 기억하는데, 말해 볼까?"

아뇨, 저도 소주로 주세요

대학 신입생 시절의 나를 떠올리면 두 캐릭터가 겹쳐 보인다. 먼저 부스스한 반곱슬 커트 머리에 후줄근한 옷을 입고 싸돌아다니는 '자유로운 영혼'이 보인다. 호기심과 열정을 따라 여기저기 기웃거리느라 눈에 불이 켜져 있다. 동시에 낯선 도시에서 길 잃고 헤매는 '어린 양'도 보인다. 두려움과 허무로 주눅 든 가슴을 허세로 가리느라 눈에는 항상 힘이 들어가 있다. 이 두 캐릭터가 앞서거니 뒤서거니, 엉망진창 혼란스러운 청춘이었다.

내 이름은 4년 장학생

"멋있구먼. 헐렁하고 자유로운 게 딱 내 스타일인걸? 모로 가도 서울만 가면 된다잖아. 이제 생활장학금 받으면 옷 사 입을 테니 걱정하지 마소."

엄마의 헌 외투를 입으며 나는 잔뜩 허세를 떨었다. 엄마가 행여 미안하단 말이라도 할세라 더 씩씩하게 모델처럼 걸어 다녔다. 땋았던 긴 머리도 잘랐겠다 청바지와 티셔츠 위에 엄마 코트를 걸치니 제법 대학생처럼 보였다. 여기에 시장 바닥에 쌓인 무더기에서 단돈 2,000원 주고 산 갈색 단화를 신고 대학 입학하러 서울로 길을 나설 참이었다.

요즘도 그렇듯 대학들은 학생 유치 경쟁을 하고 고등학교는 대입 실적을 내세우던 때였다. 담임 선생님이 나를 따로 불러 나처럼 형편 어렵고 성적 좋은 아이를 '데리러' 서울에서 교수님이 왔다고 했다. 4년 등록금 면제, 매월 생활장학금 지급, 고시반 기숙사 제공에 성적을 유지하면 대학원도 보장되는데 단, 법정대학으로 지원하는 조건이었다.

고시반 기숙사 생활에 고시 공부가 무얼 의미하는지 알 게 무언가. 하게 되면 하겠지. 덕분에 판사가 될지, 어릴 적 꿈대로 외교관이 될지 누가 알아. 부모에게 손 안 벌리고 대학 공부 할 기회 아닌가.

며칠 고민해 봐도 이미 정해진 답이었다. 법학과, 정치외교학과, 행정학과 셋 중 마음이 가장 끌리는 정치외교학과를 택했다. 집 가까운 대학 나와서 선생 하라던 엄마를 떠날 수 있는 길이었다. 단속도 잔소리도 잊고 교사도 잊으리라. 일본도 같은 몽둥이로 우리를 잡아 대던 영어, 임신한 몸에 퉁퉁 부은 다리로 재미없이 수업하던 생물, 별명이 불가사의인 지리… 학교에 갇힌 그런 선생은 내 미래일 수 없었다. 세계를 누비는 자유인으로 살리라 했다.

엄마는 나를 '스카우트 4년 장학생'이라 불렀다. 드디어 집안의 첫 대학생으로 딸을 떠나보내는 40대 후반의 엄마 마음은 얼마나 기쁘고 또 얼마나 복잡했을까. 내가 물가에 내놓은 아이처럼 보였을까. 아마도 대학 구경도 못 시킨 큰 자식 둘을 생각하며 엄마는 울었을 것이다. 그러나 내 마음에는 드디어 자유, 드디어 독립, 그런 생각뿐이었다. 두둥실 뜬구름에 몸을 싣고 떠난 1982년 2월 말이었다.

아뇨, 저도 소주로 주세요!

대학 입학식 전에 고시반 신입생 환영회가 있었다. 법정대 지하 큰 강의실에 책상을 길쭉하게 연결해 만든 잔치 자리였다. 참석자가 재학생과 신입생을 합해 60명은 넘어 보이는데 여학생은 10분의 1도 안 되었다. 재학생들은 서로 잔을 채웠고, 신입생들만 고시반 남자 회장이 직접 잔을 채워 주었다. 회장은 일일이 다니며 남학생들에겐 소주를, 여학생들에겐 콜라를 따라 주었다.

"아뇨, 저도 소주로 주세요!"

내 순서가 되었을 때 콜라병을 든 회장에게 소주잔을 내밀며 말했다. 태어나 처음 앉아 본 술자리였고 생전 처음 만져 본 소주잔이었다. 여학생들만 콜라를 마시는 게 마음에 안 들었고 진심으로 소주 맛이 궁금했을 뿐이었다. 순간 멈칫하던 선배가 싱글벙글 말했다.

"그래? 김화숙이 대단한데? 좋지!"

곁에서 보던 남자들이 한마디씩 거들었다.

"그렇지! 화숙이가 뭐 좀 아네."

"고시반에 멋진 여학생이 들어왔구먼."

순식간에 분위기가 훈훈해지며 술잔이 채워졌다. 누군가 건배사를 했고 다 함께 잔을 높이 들었다. 난생처음 맛보는 소주였다. 아주 쌉쌀하고 찝찔한데 나름 쾌감이 있었다. 압도적 다수인 남자들 사이에서 나도 그들 중 하나가 된 기분이었다. 듬성듬성 앉은 여학생들은 선배도 동기도 모두 콜라를 마셨다. 곁에 있는 남자 선배에게 물었다.

"남자는 소주, 여자는 콜라. 이건 고시반 법인가요, 전통인가요?"

사람들이 또 왁자하게 웃어 젖혔다. 저마다 한마디씩 보탰는데, 그런 법은 없어 보였다.

내 술잔은 다시 채워지고 비워지고 또 채워졌다. 고시반에 이런 여학생이 와서 좋다, 이게 사람 사는 맛 아니겠냐, 화숙이 최고다, 소리가 들렸다. 내게 와 잔을 채워 주는 사람들과 인사하는 것도 재미있었다. 처음인데 뭔들

신기하지 않았을까. 주는 대로 받아 마셨고, 질문하고 떠들고 웃었다.

그러나 잔치는 즐겁게만 흘러가지 않았다. 내 몸이 문제였다. 머리가 띵한 듯 어지러운 듯 멀미가 나고 속이 메스꺼웠다. 허세는 끝났다. 자리를 지키는 것도 구경만 하는 것도 포기해야 했다. 결국 화장실 가는 척 자리를 떴다. 밖으로 나와 바람을 쐬며 서성여 봐도 자리로 돌아갈 자신이 없었다. 100미터 정도 떨어진 기숙사까지 갈 길이 너무 아득하게 느껴졌다.

가로등만 듬성듬성 비추는 밤길을 혼자 비틀거리며 걸었다. 마음은 말짱한데, 고지가 바로 저기인데 다리가 도대체 말을 듣지 않았다. 기숙사를 코앞에 두고 바위벽에 기대려는 순간 토사물이 왈칵 쏟아졌다. 길바닥에 쓰러지지 않으려 안간힘을 써야 했다. 기숙사 방까지 어찌어찌 기어들어 가 뻗어 버렸다.

엉망진창 숙취의 밤이었고 무지막지 혼란스러운 봄이었다. 그것이 다가올 내 청춘의 복선인 줄 그때는 아무것도 몰랐다.

엄마야 나는 왜 갑자기 울고 싶지

"실패하면 반역, 성공하면 혁명 아닙니까?"

영화 〈서울의 봄〉은 내가 여고 1학년 때 일어난 '세상에 이런 일이' 같은 군사 반란 이야기다. 대구에 살던 내가 아무것도 몰랐듯 학교도 선생님들도 제대로 된 정보를 접하지 못했고 말해 주지도 못했을 것이다. 그 '성공'한 '혁명'으로 전두환이 대통령이 된 게 내가 고3 때였다. 역시 어떤 선생님도 그가 어떻게 대통령이 되었는지 말해 주지 않았다. 내가 들은 거라곤 '정의 사회 구현'이었고, 광주는 '불순분자'와 '폭도'라는 말뿐이었다.

막 대학 새내기 생활을 시작한 1982년 3월 하순, 대학생들이 부산 미국문화원에 방화했다는 뉴스가 전해졌다. 미국문화원에 불을 질렀다는 점도 이해할 수 없는데 그들의 주장이 더 충격적이었다.

"미국은 한국을 속국으로 만들지 말고 이 땅에서 물러가라!"

그때까지 내가 아는 미국은 세계 최강 민주주의 국가였고 우리나라를 지켜 주는 우방이었다. 그런데 봄 학기 내

내 캠퍼스는 반미와 광주 이야기로 들끓었다. 학교 건물 어느 공간에 가면 광주에 대한 영상을 볼 수 있다고 했다. 선배들이 보러 오라고 할 때마다 나는 망설였다. 너무 궁금한데, 나는 아직 빨갱이와 가까워질 준비가 안 되었다 싶어 가지 못했다.

"전두환은 물러나라! 미국은 물러가라!"

어느 날 학과 선배가 이런 구호가 가득한 '전두환은 광주 학살범'이라는 유인물을 내게 쥐여 주었다. 그러곤 사과(사회과학) 모임에 올 때가 되지 않았느냐고 했다. 그동안 무서워서 피하고 싶던 선배에게 콕 찍힌 기분이었다. 고시반에도 학과 생활에도 소속감 없이 겉돌던 나는 적잖이 당황하며 며칠을 고민했다.

용기 내 학회실 문을 열고 들어서니 열 명쯤 되는 남학생들이 토론하고 있었다. 나는 소리 나지 않게 뒤에 앉아들었다. 시국 이야기를 어떤 어려운 책과 함께 하는 것 같았다. 심각하고 열띤 분위기인데 여학생은 눈 씻고 봐도 없었다. 《하버드 대학의 공부벌레들》처럼 밤새워 토론하는 대학 생활을 꿈꾼 적도 있지만 거친 남자들 속에서 토론할 자신은 없었다. 나를 발견한 선배가 큰 소리로 말했다.

"어이, 화숙이 왔어? 눈에 힘 좀 빼지 그래?"

그랬다. 나는 세상이 만만찮아서 잔뜩 긴장하고 있었다. 그날 이후 학회실에 다시 가지 않았다. 그 선배의 말투도 무서웠지만 읽어야 하는 책 목록에 기가 질려서였다. 내가 아는 책이 한 권이라도 있었다면 용기를 냈을까. 속빈 강정으로 드러날 게 두려워 나는 아웃사이더의 길을 고수했다.

여자는 고시 붙어도 차 나르는 거 알지?

고시반에서라도 소속감을 느꼈다면 얼마나 좋았을까. 대입 지옥을 이제 막 빠져나왔는데 다시 고시생으로 4년을 매여 산다는 건 상상만으로도 숨이 막혔다. 더구나 속을 터놓고 수다 떨며 전공과 진로를 의논할 대상이 없었다. 90퍼센트 이상이 사법고시생인 고시반에서 같은 과 친구도 선배도 만나기 어려웠다. 나를 딱하게 여긴 같은 방 법학과 언니가 어느 날 고시반에 딱 한 명 있다는 우리 과 선배를 소개해 주었다.

복학생인 선배는 나를 학교 밖 식당으로 데려가 밥도 사 주고 술도 사 주었다. 나를 어린 동생인 양 지도해 주고 싶은 눈치였다. 그는 외무고시에서 행정고시로 방향을 바꿨다며 내게 조언을 아끼지 않았다.

"외무고시 합격한다고 외교관 되는 거 아니라는 건 알지? 더 중요한 건, 여자는 고시 붙어도 차 나르는 일부터 한다는 거야. 뽑는 수도 워낙 적은데 제2 외국어까지 해 가며 외무고시 볼 거냐?"

여러 말 중에서 내 귀엔 여자는 차 나른다는 말만 콕 박혀 들어왔다. 아무 생각 없이 고시반에 들어온 것도 창피한데 내가 갈 길에 대해 아는 것도 고민한 것도 없다는 사실이 드러나고 말았다. 기가 팍 죽어 묻고 싶은 말이 하나도 입 밖으로 나오지 않았다. 뜬구름 잡는 촌뜨기를 참교육하려는 듯 선배가 쐐기를 박았다.

"네가 모르는 거 같아서 하는 말인데, 우리나라는 그래. 여자는 어디 가나 차 심부름 한다는 것쯤은 알아 두는 게 좋아. 사시나 행시로 생각해 보는 것도 좋을 거야."

가진 적도 없던 어떤 환상이 미리 와장창 소리를 내며 깨지고 있었다.

엄마야 나는 왜 자꾸만 울고 싶지

고시반 기숙사는 1년 365일 고시 공부 하는 사람들이 사는 섬이었다. 고시를 위해 태어난 사람들의 세상이었다. 날씨가 어떻든 꽃이 지든 데모를 하든 상관없어 보였다. 매일 매주 매달 계획표대로 공부했다. 그곳에서 내 책상은 늘 비어 있었고 먼지만 쌓여 갔다. 나는 세상이 궁금했다. 이게 과연 내 길인지, 고시로 무엇이 되고 싶은지 알 수 없어서였다.

1학기 말이 다가오던 어느 일요일이었다. 일요일 오전에 고시반 신우회 예배를 간 적도 있지만 재미가 없어 그만둔 지 오래였다. 그런 선배들을 피하고 싶었고 교회도 나가고 싶지 않았다. 외출이 답이었다. 빌딩 숲을 쏘다니며 하루를 보낸 적도 있었다. 유명한 교회며 성당을 하나씩 구경했다. 어느 일요일은 큰 서점에서 하루를 보내기도 했다.

그날은 이른 아침 조용히 기숙사를 빠져나가 여의도까지 가서 세계적인 대형 교회를 구경했다. 돌아오는 버스에서 내릴 즈음 비가 오기 시작했다. 우산 없이 캠퍼스를 걸었다. 점점 굵어지는 빗줄기를 피할 마음이 전혀 없었다. 기숙사에 돌아왔을 때는 몸에서 물이 줄줄 흘렀다. 방에 들어가니 라디오에서 인기가요 '고추잠자리'가 흘러나오고 있었다.

하필 노랫말이 딱 내 마음이었다. 엄마야 나는 왜 갑자기 울고 싶지. 엄마야 나는 어디로 가는 걸까. 내가 좋아하는 조용필의 목소리에 눈물이 주르르 볼을 타고 흘러내렸다. 나는 어디로 가야 할까. 물이 뚝뚝 흐르는 채로 창가에 기대어 창밖의 비를 보며 한참을 서 있었다. 눈물인지 빗물인지 분간할 수 없었다.

내 앞에는 세 가지 길이 있었다. 첫째, 고시반에 남아 눈 딱 감고 고시 공부를 한다. 둘째, 고시반에 남되 학회 토론과 네모에 직극 참여한다. 셋째, 고시반을 나가서 진로를 다시 생각한다. 기말고사가 끝난 뒤 나는 고시반에서 짐을 쌌다. 성남에 사는 언니네에서 한 학기 통학하며 새로운 대학 생활을 꿈꿔 보기로 했다.

사마리아 왕언니

대학은 늘 최루탄에 절어 있었고 나는 고시반을 나와도 여전히 여기 기웃 저기 기웃 주변인이었다. 어쩌다 도서관에서 책을 고르고 있자면 데모에 참여하지 않는 자신이 이기적으로 보여 찜찜했다. 학과 데모에 참여할 때는 시국에 대해 무지하다는 생각에 기가 죽었다.

1학년 가을 어느 날, 과에서 단체로 서울 시내 데모에 참여하고 뒤풀이할 때였다.

"여자들은 안 되겠어."

"학회도 안 하고 시국에도 관심 없고. 뭐 하고 다닌다냐?"

술이 들어가니 남학생들이 여학생들을 안주 삼아 험담하는 소리가 들렸다. 평소 내가 스스로에게 묻던 질문을 남자들이 하는 꼴이었다. 옷도 잘 입고 자가용을 끌고 다니는 선우의 목소리가 특히 귀에 거슬렸다. 술기운이었을까, 나는 참지 못하고 탁자 건너편에서 그를 향해 소리쳤다.

"너는 아쉬운 게 없으니 모든 걸 잘하나 보구나? 네

가 뭔데 여자애들을 싸잡아 욕해? 네가 걔들 형편을 다 알아?"

갑자기 녀석이 벌떡 일어나더니 빈 소주병 주둥이를 잡고 탁자 모퉁이를 내리쳤다. 쨍그랑 소리와 함께 삐죽삐죽 깨진 병이 흉기로 돌변했다. 나를 향해 돌진할 태세였다. 술자리는 순식간에 아수라장이 되었다. 남학생들이 달려들어 말린 덕분에 피는 안 보고 끝났지만 내 가슴은 분노와 실망과 두려움으로 뒤범벅되었다. 그곳에 있던 유일한 여자로서 그런 소리를 가만히 듣고 있어야 했을까. 나는 있을 곳을 몰라 홀로 자리를 떠야 했다.

낙엽 뒹구는 늦가을 어느 날 같이 어울려 연애 놀음하던 주헌이 내게 말했다.

"너랑 말이 잘 통할 거 같은 좋은 누나가 한 명 있는데 소개해 줄게. 같이 가자."

나는 말 통하는 사람에 목말라 있었다. 거창한 구호나 겉도는 수다 말고 마음이 이어지는 대화를 하고 싶었다. 그렇게 만난 사람이 선교 단체의 민희 언니였다. 직장 생활을 하며 대학생들을 전도하기 위해 캠퍼스를 내 집처럼 드나드는 '목자'였다. 자기 관심사가 아니었던 주현이 민희 언니를 내게 떠넘긴 셈이었는데 나는 언니가 좋았다. 말이 통하는 느낌 때문이었다.

사마리아 여자, 그 납작한 이름

민희 언니와 가끔 만나 라면도 먹고 수다도 떨다 보니 어느새 성경 공부도 하게 되었다. 창세기를 공부하고 소감을 쓰라길래 느낌대로 몇 쪽짜리 글을 써 갔다. 언니는 큰 소리로 웃으며 소설 말고 소감을 쓰라고 조언했다. 단체에서 쓰는 소감은 자유로운 단상이 아니라 성경 구절에 근거해 믿음과 죄를 고백하고 결단을 밝히는 글이어야 했다. 그런 글쓰기가 재미없어서 그만하고 싶을 즈음 2학년이 되었다.

새봄은 단체가 성경학교를 열어 새 회원을 수혈하는 계절이었다. 학과나 고시반 신입생 환영회가 술잔치였다면 성경학교는 신입생들을 위한 사나흘간의 성경 잔치였다. 재학생들이 성경 강의, 대학 생활 경험담과 신앙 간증, 음악 연주와 다과까지 다 준비했다.

어쩌다 보니 나도 성경학교에서 역할을 맡았다. 성경 공부도 몇 번 안 했고 단체에 대해 아는 바도 없다며 거절

했지만, 2학년이 몇 명 없다는 이유로 등 떠밀리고 말았다. 민희 언니와 요한복음 4장을 공부하고 자신에게 적용해 소감을 써야 했다. 그렇게 성경 속 인물 '사마리아 여자'를 처음 알게 되었다.

예수가 유대를 출발해 갈릴리로 가던 길에 사마리아 지방 한 우물가에서 쉬게 된다. 한낮에 물 길으러 우물에 나온 여자에게 예수가 물 좀 달라고 말을 건다. 이후 두 사람은 목마름과 생수, 구원과 예배에 대해 깊은 질문과 대화를 주고받는다. 여자는 예수를 메시아로 발견하고 기뻐하며 동네로 뛰어가 자기가 만난 예수에 대해 이야기한다.

여기서 가장 인상적인 지점은 '사마리아'와 '여자'다. 당시 유대인은 역사적, 종교적 사성으로 사마리아 사람들을 멸시하고 그 땅도 밟고 싶어 하지 않았다. 그러나 예수는 그곳을 피하지 않았고 우물가에서 한 여자를 만나 먼저 말을 걸었다. "당신은 유대인인데 어떻게 사마리아 여자인 내게 물을 달라 하나요?" 여자의 까칠한 반응에도 예수는 "내가 주는 물을 마시는 자는 영원히 목마르지 않다."라며 대화를 이어갔다.

당시 단체에서는 '사마리아 여자'라 쓰고 '정욕'이라 읽었다. 남자에게서 사랑을 찾다가 남편을 여섯이나 바꾼 여자. 죄의식과 수치심 때문에 사람들 눈을 피해 외로이 한낮에 물 길으러 온 여자. 그 '죄 많은' 여자에게 예수가 먼저 말을 걸었고, 여자의 정욕과 음란의 죄를 모두 용서하고 참 남편이요 그리스도로 만나 주었다. 영원히 목마르지 않는 생수를 선물했다. 이런 식이었다.

민희 언니의 첨삭을 받아 나도 그렇게 썼다. 내가 바로 목마른 사마리아 여자라고. 영혼의 목마름을 채우려고 남자들과 어울리며 허랑방탕하게 산 흑역사를 낱낱이 고백했다. 나처럼 목말라 방황하는 사마리아 여자들의 목자로 살겠다고 고백하며 눈물을 펑펑 쏟았다. 자의였는지 민희 언니의 지도에 따른 것이었는지는 모르겠다. 분명한 건 비참한 죄인 사마리아 여자로서 예수를 구원자로 받아들였다는 사실이다.

문제는 그때 내가 배운 사마리아 여자가 너무 납작한 이름이었다는 점이다. 사마리아 여자는 영혼의 목마름, 정욕, 음란의 대명사였다. 본문에 전혀 그런 내용이 없는데도 말이다. 세상에 목마르지 않은 사람도 있던가? 사랑에 목마르고 의미에 목마르고 자기를 찾아 방황하는 존재가 인간 아닌가? 사마리아라는 정치적, 사회적 맥락은 가볍게 지나치고 여자에게는 죄를 무겁게 덧씌우는 게 과연 예수의 관점이었을까? 납작한 사마리아 여자가 20대의 내 이름이 될 줄 몰랐다. 내 목에 주홍 글씨가 되고, 자기혐오의 덫에 걸리게 할 줄도 몰랐다. 나 말고도 '정욕과 음란죄'로 영적 훈련을 받던 여자 동료가 생각난다. 형제를 유혹했다며 격리된 지정석에만 앉게 하기, 계단을 오르내리며 성경 구절 암송하기, 특별 회개 소감 쓰기 등이 훈련 과목이었다.

지금 아는 걸 그때도 알았더라면

숭년이 되어서야 내 눈에 사마리아 여자가 다르게 보이기 시작했다. 왕언니라 부르고 싶어졌다. 예수와 왕언니의 대화를 끝까지 살펴볼수록 그랬다. 신학적 주제를 거침없이 질문하고 대화하는 게 멋있었다. 여섯 번째 남편과 산다는 이유로 음란한 여자 취급하는 건 도저히 동의할 수 없었다.

시공간의 맥락으로 본문을 다시 보자. 사마리아 지방도 유대 땅도 당시엔 남녀가 평등한 세상이 아니었다. 여자가 마음대로 연애하고 남자를 택할 수 있는 세상은 더더욱 아니었다. 여자는 남자의 소유물에 가까웠다. 왕언니는 어쩌다 여섯 번째 남자와 살게 되었을까? 남편이 죽었거나 남편에게 버림받았거나 아니면 어려서 어떤 불행을 겪었을지 누가 아는가? 음란해서, 정욕을 주체하지 못해 남자를 갈아 치우는 여자로 취급해도 되는 걸까?

사마리아라는 차별과 멸시의 땅에서 여자라서, 여러 남편을 전전해서, 왕언니는 더 멸시받으며 살았을 것이다. 자신의 과오나 죄와 상관없는 운명의 장난일 가능성이 높다. 사회의 낙인과 배제에서 왕언니는 살아남은 생존자였다. 예수와 영혼의 대화를 했고 예수를 메시아로 받아들인 믿음의 사람이었다. 자신을 둘러싼 장벽을 스스로 깨고 세상으로 나갔고 입으로 예수를 알렸다. 여성의 증거 능력을 인정하지 않는 시대에 혁명 같은 일이었다.

예수와 끝장 토론을 한 왕언니를 보라. 종교적으로 사회적으로 차별받고 멸시받는 사마리아 사람이자 남성 중심 사회에서 소외된 여성이었지만 왕언니는 예수의 토론 상대가 되었다. 영적이고 철학적인 주제를 자유롭게 넘나들었다. "하나님은 영이시니 예배하는 자가 영과 진리로 예배할지니라."(요한복음 4장 24절)도 그 과정에서 나온 말이다. 주눅 들지 않고, 남자와 여자 사이의 대화를 금기시하던 문화도 거스른 용감한 사람이었다.

선각자요 선지자를 기껏 정욕에 사로잡힌 여자로 소환했다는 게 생각할수록 허탈하다. 왕언니야말로 예수 복음 정신을, 하나님 나라를 아는 캐릭터였다. 예수가 전한 하나님 나라는 바로 이런 사람들의 것이었다. 남자도 여자도 유대인도 이방인도 종도 자유인도 차별하지 않는 나라. 사마리아 왕언니는 그런 세상을 예수에게서 발견하고 누린 사람이었다.

지금 아는 것을 그때도 알았더라면…. 납작한 이름 사마리아 여자로 가스라이팅 당한 20대의 나를 꼭 안아 준다. 왕언니를 그토록 납작한 이름으로 가르친 사람들은 깨어날지어다. 이제라도 다시 고백한다. 사마리아 왕언니 멋져요! 미안해요! 사랑해요!

여우가 범의 허리를 끊었다

영화를 아주 좋아하지만 공포 영화나 귀신 영화는 잘 못 본다. 보더라도 몰입하지 못하거나 졸아 버리기 일쑤다. 내가 사는 현실이 이미 공포요 괴기인데 굳이 영화까지 그런 걸 볼 필요가 있을까. 내게 공포는 즐길 거리가 아닌 고통이기 때문이다. 영화 〈파묘〉를 보면서도 아니나 다를까 졸고 말았다. 결코 단순한 공포 영화가 아닌데도 말이다.

"여우가 범의 허리를 끊었다."

〈파묘〉에서 내게 꽂힌 한마디다. 예고편에서 궁금증을 자아내던 '험한 것'의 정체는 여우로 상징되는 일본의 악귀였다. 호랑이 한반도의 허리에 쇠말뚝을 박아 정기를 끊으려 한 여우를 보았다. 이게 역사적 사실이건 아니건 영화는 그 악귀와 싸우는 한국인의 정신을 충분히 보여 주었다. 한국의 풍수와 음양오행을 미신으로 폄하하는 게 여우의 시선임도 볼 수 있었다.

나는 호랑이를 아주 좋아한다. 내가 범띠라서다. 그러나 드센 여자로 찍히지 않으려 긴 세월 범 이미지를 지우며 살았다. 범의 허리를 끊으려는 여우는 내 안에도 있고 밖에도 있었다. 여우는 변신으로 자기를 감춘다. 자기혐오, 자기비하, 그리고 침묵의 쇠말뚝이 내 허리에 박히던 때가 있었다.

부르심과 택정함?

'사마리아 여자'들의 목자로 살겠다는 말은 뭘 모르고 한 소리였다. 궁금하고 재미난 것은 교회 바깥에 있었기 때문이다. 전공 공부나 학과 활동엔 여전히 어정쩡했지만 독서 동아리에서 토론하고 술 마시는 건 재미있었다. 선교 단체에는 크리스마스 연합 예배에, 3학년 봄에 또 잠깐, 다시 사라졌다가 가을에, 그렇게 가뭄에 콩 나듯 느나들었다.

3학년 가을이 문제였다. 어느새 4학년이 다가온다 생각하니 스산하고 우울한 기분을 어쩔 수 없었다. 담임 C가 로마서 공부에 초대했을 때 나는 기분 전환의 기회로 받아들였다. 나를 붙잡아 두려 했을까, 그는 듣기 좋은 말을 많이 했다. 정치외교학을 큰 공부라 하는가 하면, 신앙과 지성을 겸비한 여성 지도자감이라며 "사도 바울 같은 하나님의 외교관"이 되라 했다.

C가 나를 인정해 주는 듯해 재미있게 로마서를 공부했다. 몇 주 과정이 끝났을 때는 기꺼이 소감도 썼다. "예수 그리스도의 종 바울은 사도로 부르심을 받아 하나님의 복음을 위하여 택정함을 입었으니." 로마서 1장 1절을 문자 그대로 받아들였다. 나는 예수의 종이니 예수를 왕으로 따르겠다, 사도로 부르심을 받았으니 하나님 나라 외교관으로 살겠다, 그리고 일생 복음을 전하겠노라 썼다.

그렇게 나는 혜성처럼 나타난 '목자'가 되었다. C가 내게 학생 리더 '보직'을 하나 맡기는 바람에 매주 예배에도 참석했다. 4학년이 되며 신입생들을 만나러 쏠려 다니다 보니 전도와 일대일 성경 공부 '활동가'가 되어 있었다. 사람 좋아하고 대화 좋아하고 배움 좋아하는 내가 아닌가. 의미도 있고 재미도 있는 일이었다. 후배들이 나를 좋아하고 따르니 나는 귀 기울여 듣고 마음을 주고 영감을 나누었다. 웃고 떠들고 힘을 얻었다. 저녁 기도 모임, 소감 모임, 주말 모임에도 빠지지 않는 '주류'가 되었다.

그럴수록 학과 활동은 더 멀어지고 수업에 빠지는 날도 늘어 갔다. 장래에 대한 고민이 사라져 버렸다. 공부하지 않아도 될 것 같았다. 국내에서 취업하고 학사 가정으로 헌신하는 길, 또는 대학원을 거쳐 유학생 선교사로 나가는 길이 있었다. 그런데 졸업한 여자들은 전공 불문 모두 주부였다. 센터에서는 이들을 '사모님' 목자라 했다. 자녀 양육, 기도, 학생 전도와 돌봄, 모임 음식 준비, 손님 대접 등으로 바쁜 사람들이었다. 유학생 선교사로 가는 사람도 모두 남자였고 여자는 그들의 '돕는 배필'이었다.

눈치 9단인 나는 여자의 미래를 스캔하고 말았다. 결혼에 별 뜻도 없었으면서 결국 결혼하면 모든 것을 버리게 되리란 걸 알았다. 꿈을 추구하면 사명에 방해만 되고 이중으로 힘만 들 것이었다. 죄 사함, 구원, 부르심, 택정함, 사명… 여기에 도취되어 갔다. 사마리아 여자라는 납작한 자아를 가진 나는 '죄인'이었고 늘 회개했다. 그럴수록 나는 하찮아졌고 다른 사람 '섬기는' 일만 중요해졌다.

니가 지금 제정신이가?

"못 간다. 가긴 어딜 가. 니 죽고 내 죽자!"

내 사는 꼴을 결국 엄마가 알아 버렸다. 여동생과 자취하는 집에 엄마가 들이닥치더니 잠도 안 자고 새벽에 깨어났다. 내가 가방을 들고 나가려 하자 가방을 잡아당기며 엄마가 소리를 쳤다. 내가 저항하자 같이 죽자고 막아섰다. 나는 더 세게 엄마 손에서 가방을 빼앗았다. 가방끈이 찢기는 소리가 났지만 밖으로 내달렸다. 한쪽 가방끈이 덜렁거렸다.

1985년 늦가을, 대학 4학년 어느 새벽이었다. 다섯 시 반이면 스프링처럼 벌떡 일어나 새벽기도에 갔다. '일용할 양식'으로 성경을 읽고 기도하는 게 목자 일과의 시작이었다. 나와 성경 공부 하는 '양들'을 위해, 성서한국과 세계선교를 위해, 그리고 엄마를 위해 기도할 게 많았기 때문이다.

엄마는 '종교에 빠진' 딸을 말리려 기습 상경했다. 나 때문에 엄마는 눈물 흘렸고 나는 눈물로 엄마를 '위해' 기도했다. 시험을 이기고 목자의 길을 갈 수 있도록. 그날도 1, 2교시 수업 없는 후배를 시작으로 종일 일대일 성경 지도를 했고 후배들의 고충을 들어 줬다. 하루해가 저물어 돌아가는 발걸음이 가벼울 수 없었다. 나는 광신자인가? 엄마의 시선을 마주하자니 스스로 묻지 않을 수 없었다.

"주님 도와주소서. 엄마를 잘 돌려보낼 지혜를 주소서.

엄마 마음을 돌보소서."

한숨으로 기도하며 부엌문을 열었다. 자취 집은 부엌을 통해 방으로 들어가는 구조였다.

"하루 종일 성경 공부만 하면 장래는 우짤라고 그러노?"

내가 오늘도 수업 빼먹은 걸 어찌 알았을까. 화난 엄마 목소리가 무겁게 울렸다. 방문을 여니 드러누워 있던 엄마가 벌떡 일어났다. 나는 방에 들어가 앉지도 않고 말했다.

"이제 저를 좀 포기하세요. 엄마가 기대하는 딸로 살긴 어려울 거 같아요."

준비한 말은 아닌데 진심이었다.

"니 지금 뭐라 캤노? 니가 제정신이가?"

나는 냉정한 마음인데 엄마는 더 흥분했다.

"니가 우째다가 이 지경이 됐노 말이다. 니가 돈 벌어야 우리 집도 살고 니 동생들도 살지. 내가 뭐가 씌어서 니를 대학까지 보냈다노. 경대 가라는 말 안 듣더니 이 꼬라지 될라고 서울 왔더나? 교회에 미쳐서 장래도 없고 집안도 없나 마. 시집은 우째 갈라고…."

엄마가 내게 기대한 건 '살림 밑천' 큰딸 역할이었는데, 그게 무참히 깨지니 엄마는 견디기 힘들었으리라. 나는 이때다 하고 더 냉정하게 말했다.

"제가 예수님 제자로 산다잖아요. 엄마도 예수 믿잖아요. 제 부르심을 따라야죠. 졸업 후엔 대학원 갈 거고 선교사로 살 거예요. 그러니 제발 저를 하나님 뜻에 맡기세요."

목이 메지도 눈물이 나지도 않았다. 미안한 마음도 별로 없었다. 내 태도가 하도 분명해 보여서였을까, 엄마의 신앙 양심 때문이었을까, 엄마는 조금 누그러지고 있었다. 솔직히 전공에서 길을 잃어버린 나로서 대학원은 좀 낯부끄러운 소리였다. 학위나 성공을 위해 가는 게 아니라 후배들을 전도하고 제자를 양성하려는 목적이라는 말까지는 차마 하지 못했다.

명색이 신실한 집사인데 선교사로 살겠다는 딸을 뜯어말릴 명분이 모자랐을 테다. 나는 다시 말했다. 자식한테 둔 욕심을 내려놓으시라고, 나를 딸이 아니라 하나님의 종으로 보시라고, 나를 주님께 내놓으면 우리 집은 하나님이 책임져 주실 거라고. 엄마는 내 찢어진 가방을 빼앗아 패대기쳤다. 찢어진 틈으로 성경책이 삐죽 보였다. 너덜거리는 가방 한쪽 끈을 엄마는 마저 찢어발기곤 바닥에

힘껏 내동댕이쳤다. 엄마는 말없이 눈물을 훔쳤다.

"꼭 목자 해야 예수님 제자라더나? 취직하고 돈 벌고 평범하게 교회 다니는 길도 있잖아. 돈을 벌어야 먹고살고 시집도 가고 그러지. 양만 치고 선교만 하면 우째 먹고 산다노. 너그 아부지는 남의 빚보증 뒷감당하느라 날 고생시키더니 니는 예수 믿는다고 날 실망시키나. 내가 예수 믿지 마라는 게 아니잖아."

엄마는 부드럽게 나를 달랬다. 시집 걱정하는 엄마한테 결혼 생각 없다는 말까지 덧붙이진 않았다. 지난번에 이미 했으니까. 아버지 같은 남자 만날까 겁나서, 엄마처럼 살고 싶지 않아서라고. 사마리아 여자에게 결혼은 어울리지 않는 길이있으니까.

버리면 백 배로 받는다?

엄마는 다시 드러누웠다. 이미 자정이 지나고 있었다. 좁은 자취방에 세 모녀가 끼어서 잤다. 다음 날도 나는 새벽기도에 나갔다. 그날 담임 C가 나를 불러 성경 구절을 읽게 했다. 마가복음 10장 29, 30절이었다.

"예수께서 이르시되 내가 진실로 너희에게 이르노니 나

와 복음을 위하여 집이나 형제나 자매나 어머니나 아버지나 자식이나 전토를 버린 자는 현세에 있어 집과 형제와 자매와 어머니와 자식과 전토를 백 배나 받되 박해를 겸하여 받고 내세에 영생을 받지 못할 자가 없느니라."

단체에는 부모를 '떠나' 사명을 따르는 사람이 많았다. 나도 그날 마음으로 엄마를 버렸다. 핍박은 덤이요, 후에 백 배로 받을 것을 믿었다.

그날 내가 버린 건 엄마만이 아니었다. 내 전공도 공부도 꿈도 버렸다. 내 개성도 내 목소리도 인간에 대한 이해와 연민마저도 버려지는 줄 나는 모르고 있었다. 나를 버리고 십자가를 진다는 환상에 취해 어떤 여우가 범의 허리를 끊고 있는지 그때 나는 모르고 있었다.

그날 밤 자취방에 돌아오니 엄마는 없고 쪽지만 한 장 있었다.

"잘난 딸년들 잘 살아라. 에미는 떠난다. 찾지 마라."

부끄러움의 예감, 1987년 봄

공부에 별 뜻도 없으면서 대학 선교의 물결에 실려 나는 대학원생이 되었다. 등록금은 장학금으로 해결했지만 생활장학금은 이제 없었다. 한 살 아래 여동생이 취업해 생활비를 댔고, 나는 목자 일에만 몰두했다. '양 치는' 일 말고는 중요한 일이 없던 시절이었다. 돈이 없어도 아르바이트에 쓸 시간이 아까웠다. 매주 15~20팀의 성경 공부와 약속이 있었기 때문이다.

대학원 2학기를 어찌어찌 마치고 1987년 새해를 맞았다. 1월에 '탁' 치니까 '억' 하고 죽었다는 이상한 소식이 들렸다. 박종철 군 고문·치사 사건이었다. 내 남동생 나이의 대학생이 경찰에게 고문받다가 죽었다는데 나는 가만히 있어도 되는지 신경이 쓰이기 시작했다. 대학가엔 최루탄 연기가 점점 더 자욱해졌다. "박종철을 살려 내라!"라는 구호가 귓가에 맴돌았다.

선교 단체 분위기는 바깥세상과 아주 달랐다. 주일 예배에서도 모임에서도 성경 공부에서도 박종철 이야기는 없었다. 데모는 하나님의 주권과 때를 믿지 못하는 사람들이 하는 거라 했다. 어린 양들이 데모에 '휩쓸리지 않도록' 성경 말씀으로 잘 도우라, 목자들은 흔들리지 말고 더욱 깨어 기도하고 중심을 지켜라, 눈물을 흘리며 씨를 뿌리면 기쁨으로 거둘 것이다, 그런 방향과 지침이 있을 뿐이었다.

B형 간염은 내게 무엇이었나

1987년 봄, 대학원을 휴학해야 했다. 수업만 간신히 참석하는 전공 공부에 구체적 방향이 필요했고 목자 생활에 피로감도 있어서였다. 좋은 조건의 입주 과외 아르바이트로 숙식을 해결할 수 있었다. 매일 아침 일찍 등교해서 캠퍼스를 한 바퀴 돌며 전공과 진로를 생각했다. 머리 아팠다. 결국 도서관이나 대학원이 아닌 선교 센터로 향하곤 했다. 길 잃은 느낌이 가슴에 차고 있었다.

4월에 몸이 심하게 아팠다. B형 간염 진단을 받고 입원했다. 한 주 이상 병원에 누워 TV로 바깥소식을 들었다. 최루탄 냄새가 병실까지 들어왔다. '정의구현사제단'이란 신부님들을 처음 보았고 명동성당이 화면에 자주 보였다. 하나님 일을 하는 사제들이, 성당이 어떻게 저렇게 데모를 지지할까, 진심으로 궁금했다. 저분들이 세속적인 걸까? 데모하지 않으면 영적인 걸까? 내가 길을 잘못 가는 건 아닌지 문득문득 생각해 보게 되었다.

퇴원하고 의사의 권유에 따라 고향 집으로 향했다. 입주 아르바이트 집에서도 짐을 싸야 했다. 스물다섯 살, 서울 생활 6년여 시간은 내게 무엇이었을까. 금의환향은 고사하고 아무것도 이룬 것 없는 빈손에 병든 몸이었다. 잘못 산 느낌을 부인할 수 없었다. 술과 허랑방탕한 생활이 간을 괴롭혔을 것이다. 불규칙한 식사와 수면, 몸을 돌보지 않은 생활이었다. 간염은 내게 무엇이었을까. 낙향해서 절대 안정을 취하며 생각해 보기로 했다.

나는 자기 뜻에 도취해 엄마를 버렸지만 필요할 땐 결국 엄마에게 돌아가는 자식이었다. 엄마는 나를 버리지 않았다. 당신의 기대와 소망을 박살 낸 딸이었건만 엄마는 환대했다. 하나님 일하랴 공부하랴 고생했다며 "건강해야 목자도 하지." 지극정성으로 딸을 돌봐 주었다. 새벽마다 나를 위해 기도하고 따뜻한 밥상을 차려 주었다.

"주의 종이 온 걸 사람들이 어째 알았을까. 봐라, 또 쇠고기 선물이 들어왔다."

"아이고, 그 집사님 집에 난데없는 떡이 생겼는데 우리 집에 갖다주고 싶더란다."

"니를 하나님께 드렸더니 너그 아버지 찾는 사람이 자꾸 는다. 돈이 날마다 들어온다."

나는 모처럼 아무것도 안 하고 먹고 쉬었다. 엄마한테 잘하려 애쓰지도 않았고 집안일도 신경 쓰지 않았다. 아버지의 부동산 중개업은 빚을 정리할 수 있을 만큼 호황이었다. 두 분이 싸우는 일도 없었다. 시끄러운 서울과는 다른 시간을 살 수 있었다. 내가 버린 엄마가 어떻게 살았는지 지난 이야기도 들을 수 있었다.

왜 주의 종을 핍박합니까

니가 4학년 때 내가 서울 갔다가 쪽지 써 놓고 떠났잖아. 그 길로 내가 어디 갔겠노. 기도원에 가서 니 때문에 속이 상해 울고불고했지. 너그 아부지도 속 썩이지, 자식들은 저그 잘났다고 한 놈도 엄마 말 안 듣지, 죽어 버리고 싶었니라. 그래도 우짜노. 기도하고 울고 나면 마음이 좀 누그러지고, 다시 천불이 나면 또 기도하고 그랬다. 니를 우째야 할지 답답하더라.

기도원에 가모 개인적으로 면담해 주고 기도해 주는 목사님이 있니라. 거기 원장 목사님 방으로 하루는 면담을 받으러 갔지. 니 문제를 털어놓고 조언을 들을 요량이었지. 목사님 앞에 앉으니 가슴이 두근거리더라. 니 얘기를 어디서 우째 시작할꼬 입을 열려는데 이 목사님이 나를 보고 갑자기 호통을 치는 거라.

　"아니, 주의 종을 핍박했구먼. 큰일 낼 사람이네. 주의 종을 왜 그렇게 핍박하냐고!"

　내가 놀라서 말도 안 되는 소리라고 대답했지.

　"아이고 목사님, 제가 주의 종을 어떻게 핍박해요. 그런 일 없습니데이. 교회 가면 목사님 말씀 듣지, 목사님을 핍박했다니 억울합니데이."

　내 말을 다 듣지도 않고 목사님이 더 화를 내며 내 등짝을 마구 때리는 거라.

　"어디다 거짓말을 합니까. 분명히 핍박했어요. 지금도 하고 있네. 회개하시오!"

　"거짓말은 아니고요 목사님, 실은 우리 딸을 좀 핍박했습니다. 대학생 딸이 선교회에 가더니 선교사 한다, 목자로 산다 그러잖아요. 대학생이 공부나 하지 그러면 안 된다고 뜯어말리고 제가 좀 핍박했습니다. 똑똑한 딸이거든요. 그게 문제인가요?"

내가 눈물 콧물 흘리며 고백했다. 참 갈잖제? 그 목사님이 그러더라.

"그럼 그렇지. 아니, 목사만 주의 종인 줄 알아요? 딸이 아주 훌륭하네요. 하나님이 귀하게 쓰시는 종이니 다시는 그러지 마세요. 복덩이니까 감사하고 잘 섬기세요. 알았어요?"

그러곤 내 머리에 손을 얹고 간절히 기도해 주더라. 내가 입이 열 개라도 할 말이 없더라. "사울아 사울아, 나는 네가 핍박하는 예수다." 사도행전 그 말씀이 떠오르더라. 내가 잘못했습니다, 눈물로 회개했다. 니 때문에 참 많이 울었니라. 에미가 잘못했다.

이때이니까

그렇게 엄마는 나를 하나님의 종이라고 묻지도 따지지도 않고 사랑해 주었다. 한 달여 쉬는 동안 몸과 마음이 안정되면서 다시 사명으로 복귀하고 싶어졌다. 새 학기 씨뿌릴 시기를 놓쳤으니 올해 제자 양성 '농사'가 걱정되어서였다. 이 시국에 서울은 양 치기 어려운 세상일 것이었다. 어버이날을 모처럼 부모님과 함께 보내고 서울로 돌아왔다. 아버지한테 용돈까지 두둑이 받아서 말이다.

서울은 예상보다 훨씬 뜨거운 데모의 도가니였다. 캠퍼스 심방은 원천적으로 불가능했고 성경 공부 하러 오는 학생도 잘 없었다. 어지간해서는 시국 이야기를 쉬쉬하던 센터가 그땐 좀 달랐다. 데모에 적극적으로 가담하는 학생 리더는 없지만 고민하는 사람이 더러 보였다. 나와 성경 공부 하던 남학생에게 들은 말이 가슴에 박혀 어느 날 몇몇에게 털어놓았다.

"와, 어제 내 양이 나를 똑바로 쳐다보며 말하는 거 들 있어? 한가하게 성경 공부나 하고 있냐는 거야. 자기는 당분간 성경 공부 안 올 거래. 가만히 있을 수 없어서 데모에 참여해야겠대. 전에 같으면 뭐라고 말렸을 텐데, 나도 괴로워 말을 못 하겠더라니까."

내 말을 들은 벗들이 조심스럽게 받았다.

"우리가 나가면 센터에 문제가 될까? 양심에 찔리고 양들 보기 부끄러워서 너무 힘들어."

"나도 요즘은 자꾸 고민이 되는데, 어떻게 해야 하지?"

봄이 가는데 선교 센터는 '개점휴업'이나 마찬가지였다. 학교 수업도 휴강이 많았다. 데모 때문에 일대일 팀 수도 주일 예배 참석자도 '실적'이 낮았다. 양 한 명 얻기가 어려웠다. 최루탄 때문에 학교에 오지를 않으니 그럴 수밖에 없었다. 열성 목자 중에는 집회에 가서 양들을 빼내 데려오다 욕을 먹는 일도 있었다.

나는 학과에 소속감도 없었던 데다 휴학생이다 보니 연결된 모임이 없었다. 혼자 찾아 나갈 자신은 없었다. 게다가 나는 간염 환자에 B형 간염 보유자 아닌가. 몸을 생각하면 무리하지 말고 가만히 있는 게 답이었다. 그래도 마음이 불편했다. 내가 정치학 전공한다는 걸 누가 알까 두렵고 부끄러운 시절이었다. 남동생도 데모하다 구치소를 다녀왔는데 나는 아무것도 안 했다. 대한 독립 만세를 외치다 옥살이하신 우리 할아버지께도 면목이 없었다. 그럴수록 나는 양들을 위한 기도에 몰두했다.

박종철에 이어 6월에는 이한열이란 학생이 경찰이 쏜 최루탄에 맞아 쓰러졌다. 정말 심각한 상황이었다. 그날은 서울 시내 대학마다 동시에 데모가 있는 날이었다. 귀는 바깥을 향하고 몸은 안에 웅크리고 있는데 친한 후배

대규가 다가왔다. 며칠 전 서로 속을 터놓은 우리는 눈빛으로 마음을 읽고 있었다.

"목자님, 우리도 나갈 때 아닐까요? 이러고 있어 봤자 양도 안 와요. 같이 가요."

나는 찔리고 부끄러운 마음으로 그를 바라보았다. 정말 무어라고 해야 할지 자신이 없었다.

"어쩔 거예요? 이젠 진짜 때가 된 거 같아요. 이젠 못 참겠어요."

나도 비슷한 생각이라 더 미안했다. 다른 사람이 듣는 데서 말할 자신이 없어 후다닥 그의 손을 잡아끌었다. 문을 열고 나가 계단을 뛰어 건물 옥상으로 올라갔다. 학교 정문에서 200미터나 떨어셨을까, 옥상에선 보는 게 다 보였다.

"독재 타도! 호헌 철폐!"

"박종철을 살려 내라!"

"한열이를 살려 내라!"

우리는 말없이 서서 구호 소리를 들었다. 캠퍼스 정문 앞을 막고 있는 경찰차들, 대로를 가득 채운 사람들이 보였다. 차라곤 한 대도 다니지 않고 사람들만 가득한 차도가 낯선데 정말 장엄한 풍경이었다. 학생뿐만 아니라 흰 셔츠 입은 직장인들, 남녀노소가 뒤섞인 군중이었다. 지금까지 본 것 중 가장 규모가 컸다. 거스를 수 없는 저 물결에 속하지 못한 내가 낙오자 같았다.

"솔직하게 말할게. 나도 저기 가는 게 맞다고 생각해. 그런데 내 몸을 생각하느라 이러고 있나 봐. 믿음이 필요한 거 같아. 데모하는 것보다 한 생명을 구원하는 성경 공부가 나라를 위해 더 큰일 아닐까?"

후배는 내 말을 듣고 있었지만 나는 내 말에 자신이 없었다. 그렇게 배웠을 뿐 나도 내가 무슨 말을 하고 있는지 모른다는 게 솔직한 심정이었다. 사도행전 1장 6~8절을 암송했다.

"그들이 모였을 때에 예수께 여쭈어 이르되 주께서 이스라엘 나라를 회복하심이 이때니이까 하니 이르시되 때와 시기는 아버지께서 자기의 권한에 두셨으니 너희가 알 바 아니요 오직 성령이 너희에게 임하시면 너희가 권능을 받고 예루살렘과 온 유대와 사마리아와 땅끝까지 이르러 내 증인이 되리라 하시니라."

들은 대로 내가 주석을 달았다. 제자들은 이스라엘 나

라를 회복할 때가 지금이냐 했지만 예수는 때와 시기는 하나님께 있다고 했다, 데모는 이 땅의 일이지만 복음 전파는 하나님 나라가 이 땅에 이루어지게 하는 일이다, 데모는 우리 알 바 아니고 복음 전하는 게 우리 일이고 진짜 하나님이 원하는 일이다… 무슨 말을 하는지도 모른 채 그렇게 주절거렸다.

성경 공부에서는 정치 문제나 사회 정의에 대해 배운 적이 없었다. 영의 일과 육의 일, 하나님의 일과 세속의 일, 의로움과 죄 따위의 이분법만 있었으니까. 정치적 투쟁은 영적이지 못한 짓이었다. "예수는 직접 로마 식민주의자들과 싸우지 않았고 데모대도 조직하지도 않았잖아. 예수의 제자라면 정치 투쟁 말고 영적인 일을 해야지. 성권이 바뀐다고, 민주화가 된다고 하나님 나라가 되는 건 아니야." 이런 논리였다.

우리 둘 다 마음이 안정되지 않기는 마찬가지였다. 후에 그가 데모하러 갔는지 나는 모른다. 나는 가지 않았다. 그때의 기억을 잊을 수 없다. 나는 소심하고 비겁한 겁쟁이였다. 성경으로 마음을 달래려 애썼지만, 그날이 내 인생의 부끄러움으로 남을 거란 예감이 들었다.

보도지침 또는 소감지침

내가 영화 <1987>에서 꼽는 명장면이 둘 있다. 하나는 교회 건물 스테인드글라스 밖에 매달린 김정남의 그림자다. 화면을 채운 알록달록한 창에는 십자가에 달린 예수가 그려져 있다. 그 그림 뒤로 도망 중인 민주화 투사의 그림자가 겹쳐 어른거린다. 도대체 예수의 십자가는 무엇이며, 십자가를 따르는 삶이란 무엇인가? 대사 하나 없이도 무수한 질문을 던지는 장면이다.

또 하나는 신문사 편집부 벽에 걸린 보도지침이다. '서울대생 사망 절대 보도 금지'를 시작으로 칠판 빼곡히 적힌 지침을 편집부장이 지워 버리고 소리 지른다. "경찰 고문으로 대학생이 죽었는데 보도지침이 대수야? 앞뒤 재지 말고 들이받아!" 보도지침을 폭로한 언론인들은 국가보안법 위반으로 구속되었고 1995년에 가서야 대법원에서 무죄 판결을 받았다. 악명 높은 보도지침, 과연 그때만의 이야기일까?

1987년 나는 도망자는 아니었지만 독재 타도를 외치지도 못했다. 보도지침을 따라 '받아쓰기'하는 기자는 아니었지만 권력에 분노하며 들이받지도 못했다. 비록 소심하고 부끄러운 청춘이었지만 권위주의, 통제와 억압은 내게도 무척 익숙한 그 시절의 일상이자 공기였다. 그런 공기 속에서도 사랑이 싹트고 있었으니, 청춘은 청춘이로다.

네가 나를 사랑하느냐

1987년 여름은 지독하게 덥고 비가 많이 내렸다. "독재 타도! 호헌 철폐!"에 밀려 노태우가 개헌과 직선제를 약속한 6월 29일 장마가 시작되었다. 혼수 상태에 있던 이한열 군은 결국 7월 5일 사망했다. 민주화의 열기로 세상이 뒤집혀 그해 여름은 더 뜨겁고 더 습했다.

선교 단체의 여름은 수양회의 계절이다. 캠핑이나 휴가를 상상하면 커다란 오산이다. 봄 학기 동안 오고 간 어린 신자가 신앙을 다지고 정규 멤버가 되는, 1년 중 가장 큰 영적 이벤트였다. 리더들에게는 한 학기 '양 농사'의 기말고사이자 '지상명령'의 수행이었다. 누구를 얼마나 데려갈 것인가? 그해는 유난히 어려운 문제였다.

요양에서 돌아온 후 여름 수양회까지 내겐 두 달의 시간뿐이었다. 조급한 내 형편을 알았을까, 담임 C가 어느 날 10만 원이 든 봉투를 주었다. 요즘 말로 열정 페이, 직장 안 다니고 양만 돌보는 '풀타임'에게 주는 사례비였다. 나는 얼결에 '유급' 목자가 되어 새벽기도부터 밤늦게까지 더 충성했다. 다행히 후배들은 나를 따랐다. 혼란하고 뜨거운 시대, 목마른 청춘들이 줄을 이어 내게로 왔다.

내가 목자로서 처음 섬긴 85학번 제자들이 자라고 있었다. 86학번 팀에도 내 일대일 제자들이 세워지고, 그들이 친구들을 내게 소개해 주었다. 87학번 양들도 여름 수양회에 일찌감치 등록해 주었다. 마치 젖먹이부터 학령기까지 줄줄이 애 딸린 엄마처럼 그 시국에도 나는 제자 양성가로 '믿음의 어미'라 불렸다.

7월 하순 여름 수양회 기간은 아직 장마철이었다. 충청도 시골 교회당에서 뜨거운 습기에 감기는 3박 4일. 예배당이 낮에는 프로그램 장소로, 밤에는 남자 숙소로 쓰였다. 벌레들이 기어다니고 맨살이 쩍쩍 붙는 바닥에서 모기에 뜯기며 땀 흘리는 걸 당연하게 여긴 시간이었다. 다섯 명의 어린 양을 돌보며 서빙 등의 업무까지 분담하느라 나는 수양회 동안 서너 시간 자기도 어려웠다. 그러나 예수를 받아들이고 기뻐하는 영혼을 보는 즐거움을 무엇에 비하랴. 몰입과 몰아의 시간이었다.

소감지침이 있었다

수양회가 끝난 다음 주말에 리더 소감 모임이 있었다. 양들에게 어떤 은혜가 있었는지, 나는 무엇을 배웠는지, 수양회를 돌아보는 시간이었다. 요한복음 21장 "네가 나를 사랑하느냐"에 근거한 글을 써서 나누었다. 그건 내가 사랑하는 성경 문학 중 하나였다.

부활한 예수는 '도망간' 제자들을 찾아 갈릴리로 간다. 물고기를 다시 잡게 도와주고, 떡과 생선으로 아침을 먹인다. "요한의 아들 시몬아, 네가 이 사람들보다 나를 더 사랑하느냐?" 묻고 "내 양을 먹이라." 부탁한다. 먼저 사랑하는 사람이 상대의 사랑을 확인하고 싶은 법. 예수의 물음은 사랑 고백인 셈이다.

예수는 같은 질문을 세 번 하고, 같은 부탁을 세 번 반복했다. 왜 그랬을까? 예수를 사랑한다면 그의 양을 돌보라. 결론은 명확했다. 나는 눈물로 그의 사랑에 감사했고 사랑을 고백했고 죄를 회개했다.

"사랑하는 주님, 제게 주님의 양들을 맡겨 주시니 감사합니다. 주님의 양을 먹이겠습니다. 제 장래도 결혼도 주님께 맡깁니다. 저는 사명을 피해 다니던 죄인입니다. 목마름을 술과 세상 남자들로 해결하려다 허랑방탕하게 살았습니다. 주님의 성전인 몸을 함부로 해서 병이 났습니다. 거룩한 사명에 부적합한 죄인입니다…."

 소감은 자유로운 감상을 쓰는 글이 아니었다. 거기에는 암묵적 '소감지침'이 있었다. 자기만의 비평이나 시국 이야기를 쓰는 건 믿음 없는 행위였다. 주어진 텍스트에 근거해 믿음을 고백하고 죄를 회개하는 글이어야 했다. 은혜로운 소감을 쓰기까지 사람에 따라선 여러 번 퇴짜를 맞기도 했다. 더 크게 감사할수록, 더 철저하게 부패하고 타락한 죄인이라고 쓸수록 좋은 소감으로 인정받았다.

 내 소감 발표가 끝났을 때 담임 C가 코멘트를 했다.

 "드보라는 똑똑한 죄인인 걸 잊으면 안 돼. 자유분방하고 언변이 좋으니 양들도 따르지. 형제들의 마음을 뺏기 쉬워. 자신을 사랑하고 자기를 자랑하기 쉬운 죄인인 걸 기억해야 해. 어떻게 해야 내게서 주님의 영광만 드러나게 할까, 그걸 투쟁해야 해."

 그땐 분별하지 못했다. 내 장점조차 다 죄로 낙인찍는

악마의 목소리에 길들어 갔다. 형편없는 죄인이라는 고소 앞에 무조건적으로 "아멘!"이라고 대답하며 내가 점점 납작해져 가는 줄 그땐 몰랐다.

그런 고민 안 해요?

그날 늦은 밤이었다. 센터 문을 나섰다가 1층에 둔 우산을 가지러 돌아가야 했다. 같은 학번 졸업생인 덕이 혼자 뭔가를 쓰고 있었다. 나와 눈이 마주친 그가 반색했다.

"소감 쓰고 있었어요."

아니, 무슨 소감을 또? 되묻는 내게 덕이 말했다. 담임 C가 소감을 다시 쓰라 했다고, 동기 남자 목자들 전부 다시 쓰게 되었다고 했다.

"어쩐지 소감이 좀 부족하긴 했지. 뭔가 감추고 있는 것 같더라니, 역시 그럴 만했네요."

내가 놀려 주듯 말하고 돌아서려는데 그가 다시 말을 이었다.

"잠깐, 자매들은 안 그래요? 형제들은 이번에 진구 선배 결혼하는 거 보면서 심각했거든요. 안 놀랐어요? 원하지 않는 스타일의 자매를 소개받는다면 어떻게 할 거냐,

그런 얘기를 우리끼리 했는데 속마음이 들킨 거 같아요. 소감 다시 쓰라는데 너무 안 써져요."

나는 살짝 당황했다. 남자들끼리 그런 이야기까지 한다는 게 놀라웠다. 예수만이 내 사랑이고 예수와 결혼했다고 생각하는 나와 그는 달라 보였다. 진구 선배는 자기보다 몇 살 많은 자매를 소개받고 바로 결혼해 선교사로 나간 경우였다. C가 중매하고 진구 선배처럼 기쁨으로 '순종'하면 단체에서는 '믿음의 결혼'이라 했다.

"아니, 그런 이야기를 한다고요? 믿음의 결혼을 못 믿는 믿음 없는 사람들이네요."

내가 농담하며 웃고 멀어지려는데 덕이 나를 붙잡듯 다시 말했다.

"고민 안 돼요? 형제들끼리는 어떤 자매를 소개받는다면 못 받아들일 거 같다고 서로 말하거든요. 누구는 '제발 저 사람만 아니면 좋겠다.' 그래요. 그런데 저는 조금 다르게 생각해요. '누구면 안 된다.'가 아니라 '꼭 이 사람이면 좋겠다.' 그렇게 생각하거든요. 그런 기도 안 해요?"

가슴에서 쿵 하는 소리가 났다. 나는 태연한 척 더 과장된 농담으로 받았다.

"아이고, 그러니 소감을 빠꾸당하죠. 형제들 안 되겠구먼. 더 빡세게 훈련받아야겠네요."

덕이 이야기를 더 이어갈까 무서워 나는 서둘러 자리를 떴다. 가슴이 쿵쾅거리고 다리가 후들거렸다. 왜 그런 말을 했을까. "꼭 이 사람이면 좋겠다." 그걸 왜 굳이 나한테 털어놓았을까. 덕의 눈빛과 표정과 태도로 나는 알아버렸다. 그 사람은 분명 나였다.

너희가 아골 골짜기를 알아?

잔송가 '무틈 받아 나선 이 몸'의 사사에는 어니든, 괴로우나 즐거우나, 심지어 죽음이 막아서도 주만 따라가겠다는 고백이 담겨 있다. 아골 골짜기도 소돔 거리도 사랑 안고 가서 아낌없이 다 드릴 태세다. 이름 없이 빛도 없이 감사하며 섬기리라, 후렴이 반복된다. 나도 그렇게 부르던 때가 있었다. '아골 골짜기'가 무엇인지 알기 전까지는 그랬다. 그래, 너희가 아골 골짜기를 알아?

발단은 "꼭 이 사람이면 좋겠다."라는 덕의 한마디였다.

그 말이 1987년 가을 내내 나를 따라다녔다. 자유롭게 싸돌아다니던 내가 급전향해 목자로 산 지 어언 3년. 연애도 결혼도 주께 맡겼다고 생각하던 때였는데, 왜 그가 자꾸 마음에 걸리냐 말이다. 센터에서 만난 남자들은 선후배를 막론하고 모두 믿음의 '형제' 아니던가. 그러나 단 한 사람, 덕에게 내 마음이 흔들리고 있었다.

1987년 추석 연휴, 나는 고향에 가지 않고 서울에 남아 여름 동안 수고한 몸을 쉬게 했다. 같은 학번 자매 목자 효은과 수다 떨다 고민을 털어놓았다. 그런데 이게 아골 골짜기로 나를 이끌 줄은 상상도 못 했다.

나 어떡하지?

연휴에는 센터가 조용했다. 나는 풀타임이라 센터를 지키고 환경도 돌보고 기도도 하며 여유롭게 시간을 보냈다. 연휴 사흘째였다. 한산한 서울 거리를 효은과 쏘다니며 놀다 자취방에 들어가 같이 밥을 해 먹었다. 음악을 전공하는 친구라 음악을 들으며 음악 이야기도 했다. 모처럼 한가한 시간 덕분에 우리는 더 친해질 수 있었다.

"나 실은 고민이 있는데… 나 어떡하지?"

내가 조심스럽게 "꼭 이 사람이면 좋겠다."라던 덕의 이야기를 털어놓았다. 아무래도 나를 두고 하는 말 같아서 힘들다고, 내 직감이라고 고백했다. 솔직히 4학년 때부터 이미 눈치채긴 했지만 전혀 모른 척하며 대했다고도 실토했다. 그런데 이제는 확인해 버렸으니 어떻게 하면 좋을지 조언을 부탁했다.

효은이 별로 놀랄 일 아니라는 듯 가볍게 말했다.

"알 만한 사람은 다 알 걸? 내 눈에도 다니엘이 드보라 좋아하는 게 보이던데?"

그랬구나. 그럼 더 심각한 일이었다. 진심으로 덕이 걱정되었다.

"소감이 살 안 써신다고 하더라고. 나 때문에 성경 말씀이 그 마음에서 튕겨 나가는 거 아닐까? 내가 그에게 걸림돌이 될까 너무 무서워. 시험에 들어 실족할까 걱정된단 말이야."

사마리아 여자의 자격지심이었다. 정말로 몹쓸 죄인이 된 것 같았다. 친구가 별로 심각하지 않게 반응하는 건 의외였다. 빙그레 미소 지으며 나를 바라보던 효은이 말했다.

"나도 비밀 하나 고백할게. 도원이가 나 좋아하는 거 혹시 눈치챘어?"

놀라워라. 금시초문이었다.

"드보라는 그런 거 관심 없구나. 내가 도원이 좋아하는 것도 몰랐겠네? 이미 우린 서로의 마음을 알고 지낸 지 좀 됐거든. 서로를 위해 기도하고 있어."

연애가 금지된 곳이었다. 연애 감정을 정욕이요 음란으로 치부하며 회개하라 했다. 나는 하지도 않은 연애로 이미 범법자가 되어 떨고 있는데, 효은은 나와 달리 두려워 보이지 않았다. 여유 있고 즐거워 보이기까지 했다. 나는 간곡히 부탁했다. 부디 덕이 실족하지 않게, 내가 현명하게 처신할 수 있도록 기도해 달라고. 나는 친구의 연애에 대해선 못 들은 셈 쳤고 그 누구에게도 말하지 않았다.

아간과 아골 골짜기

연휴 다음 주말 소감 모임 분위기가 이상했다. 흩어졌던 사람들이 돌아와 따로 무슨 회의라도 하고 온 양 어떤 정보를 그들끼리 공유하고 있는 눈치였다. 나만 모르는 이야기를 하는 분위기였고, 내가 알아채기 어려운 모호한 표현이 소감마다 등장했다.

"인정받는 목자가 알고 보니 연애를 하고 있어서 실망했습니다."

"어린 양들이 정욕과 음란에 물들지 않도록 깨어 기도하지 못했음을 회개합니다."

"그 목자가 영적 순결을 지키는 믿음의 어미가 되길 기도합니다."

무슨 일이 있어 보이는데 직설적으로 말하는 사람은 없었다. 소감마다 나오는 저 모호한 표현이 설마 나를 두고 하는 말일까? 마음이 뒤숭숭했다.

모임이 끝나지도 않았는데 한 학번 위의 여자 선배 연화가 나를 따로 불렀다. 2학년이던 덕을 처음 성경 공부로 인도한 그는 덕의 일대일 목자였다. 즉 영적인 '모자관계'로 통했다. 평소에 나와 엮일 일이 거의 없는 사람이 왜 갑자기 나를 따로 데려갈까? 내가 효은에게 털어놓은 이야기와 관련 있겠구나 예상할 수 있었다. 나를 1층 구석으로 데려간 연화는 책상에 마주 앉기 무섭게 다짜고짜 퍼부었다.

"양 치라고 풀타임 하게 했더니 연애질이나 해? 이 어려운 시기에 깨어 충성해도 모자랄 판에 하나님의 역사를 훼방하는 년이 제정신이야? 역사를 말아먹을 년. 형제를 유혹해 실족시킬 년. 한 형제를 실족시키면 연자 맷돌을 매고 바다에 빠져 죽을 년이라는 거 알지?"

더 많은 욕을 들었지만 기억하고 싶지 않다. 그는 내게 무슨 일이 있었느냐 묻지 않았다. 나 역시 왜 그러느냐 묻지 않았다. 자존심이 허락하지 않아서였다.

그게 끝이 아니었다. 다음 날 아침 남자 선배 찬우가 나를 불러 앉혔다. 역시 어떤 질문도 없이 엄중한 얼굴로 여호수아 7장 16~26절을 읽게 했다. 그는 아간이란 사람과 아골 골짜기를 언급하며 나를 죄인이라 했다. 성경 본문을 요약하면 이런 이야기였다.

아간은 이스라엘 지파별로 뽑힌 리더 중 한 사람이다. 여호수아가 이스라엘 패배의 책임을 묻는 과정에서 아간을 추궁한다. 아간이 전리품 가운데서 외투 한 벌, 금과 은을 보고 탐이 나 감추었다고 자백한다. 여호수아가 보낸 사자가 그것들을 찾아왔고, 아간은 노략물과 아들딸, 소와 나귀, 양들과 함께 이스라엘 사람들에게 끌려간다. 여호와의 이름으로 온 이스라엘이 아간을 돌로 쳐 죽이고 남은 가족과 물건도 돌로 치고 불사른다. 그 위에 돌무더기를 크게 쌓았는데, 그 돌무더기를 오늘날까지 아골 골짜기라 부른다. 아골은 '괴로움'이란 뜻이다.

그는 나더러 돌 맞아 죽어 마땅한 아간이라 했다. 양 치고 하나님의 역사를 세우라고 맡긴 직분을 자기 정욕을 위해 악용한 죄인이라 했다. 후배들에게 나쁜 본을 보인 죄가 크다며 센터에 둔 내 책이며 물건들을 다 빼라 했다. 열정 페이도 받을 자격이 없다 했다.

나는 아간이란 사람에 대해 생각하며 가만히 있었다. 아간의 하나님이 나의 하나님이라고? 상상하고 싶지 않았다. 단체로 나를 돌로 치고 돌무더기를 쌓는다고 생각하고 싶지도 않았다. 아골 골짜기가 소름 끼치게 무서웠다. 내가 단체를 망하게 할 만큼 엄청난 사람인지 놀랐다. 묻고 싶지도, 나를 방어하고 싶지도 않았다. 연화와 찬우가 누구의 지시를 따라서 그랬는지 지금까지 나는 묻지 않았다. 침묵의 아골 골짜기였다.

아직 끝이 아니었다. 다음 날 새벽기도 시간, 지하실 골방에서 답답하고 무거운 가슴으로 무릎을 꿇었다. 나는 지금 어디로 가는가, 묵상에 잠기려 할 때였다. 평소와 달리 사람들의 기도 소리가 크다 싶더니 여기저기서 분노에

찬 목소리로 내 이름을 불렀다.

"드보라 목자가 정욕과 음란을 회개하고 새사람 되게 하소서."

"음란 마귀가 하나님의 사람들을 실족시키지 않도록 주여, 이곳을 지켜 주소서."

"드보라 목자가 연애 감정과 교만을 회개하고 겸손하고 순결한 주님의 신부가 되게 하소서."

드보라, 드보라, 드보라…. 나는 결국 귀를 막고 일어나 밖으로 나갔다. 바깥은 내 마음처럼 희뿌옇다. 어디로 가야 할까. 길은 어디일까. 아골 골짜기는 상상하고 싶지 않았다. 무슨 일이 일어나고 있는지 그땐 설명할 언어가 없었다. 군부독재의 '빨갱이 사냥'도 교회사의 '마녀사냥'도 '여성 혐오'도 '주홍 글씨'도 그땐 아직 내 언어가 아니었다. 나는 다시 원점에 서 있었다.

영적 훈련을 빙자한 가스라이팅

형제자매요 동역자라던 사람들이 어느 날 나를 아골 골짜기로 끌고 가 돌을 던졌고 나는 속수무책으로 맞았다. 상처받은 나는 며칠간 자취방에서 두문불출했다. 나의 하나님, 나의 하나님, 어찌하여 나를 버리시나이까, 탄식이 나왔다. 가만히 있기만 한 자신이 너무 싫은데 딱히 저항할 언어도 없고 입도 떨어지지 않던 때였다.

한 주 만에 나와 보니 센터 분위기는 더욱 험악했다. 기쁘게 인사하는 내게 모두들 차가운 눈빛을 쏘았다. 어떤 학사 사모는 고개를 휙 소리 나게 돌렸다. 그럴 수 있다고 받아들였다. 나는 소감을 쓸 때마다 울었다.

"제가 마음을 지키지 못한 죄인입니다. 오직 하나님만 사랑하지 않아서 한 형제의 마음을 빼앗고 시험에 들게 했습니다. 삼손을 올무에 빠지게 한 들릴라입니다. 저를 불쌍히 여기시고 새롭게 하소서."

독재 시대 빨갱이 만들기처럼 그곳에는 '죄인 만들기'가 있었다. 죄인이라고 고백했지만 나는 떠날 때를 고민하기 시작했다. 계속해서 견딜 가치가 없어 보였다. 그러나 마음을 정리할수록 걸리는 구석이 있었다. 양들이었다. 지난 3년간 내가 돌본 어린 영혼들에게 무어라 말할 것인가. 나를 신뢰하고 나를 통해 예수를 믿고 따라가는 그들을 실망시킬 수 없었다. 아이들 때문에 폭력 남편을 못 떠나는 어미, 딱 그 꼴이었다.

'영적 훈련'이라 쓰고 '가스라이팅'이라 읽는다

나는 모든 모욕을 '영적 훈련'으로 감수하기로 했다. 하나님의 아들 예수도 죄 없이 십자가를 지지 않았나. 조롱당하고 모욕당한 예수가 나의 영혼을 위로했다. 이후 C는 내게 '특별 관리' 훈련 과제를 두 가지 제시했다. 매일 '알용할 양식'을 두 쪽 써서 그에게 발표할 것, 당분간 C의 식탁에서 점심을 먹을 것. 일거수일투족이 훈련이었다.

나는 C가 내 아픔을 알아주는 거라 여겼다. 효은과 친한 동기 연주가 후배들과 함께 뒤에서 나를 판단하고 '회개하라'고 기도한다는 소문은 사실이었다. 그곳의 우정 없음에 또다시 상처받았지만 견뎌 냈다. 모두가 돌아서고 비웃어도 C만이 나를 영적 훈련으로 돕는 목자라 믿고 싶었다. C 앞에서 매일 소감을 읽는 것도 그의 밥상에서 먹는 것도 감사히 여겼다. 효은과 연화와 찬우로부터 받은 상처도 조금씩 잊히는 듯했다.

그곳에서 내 손을 잡아 준 벗이 딱 한 명 있긴 했다. 갈은 학번 남자 동기이자 덕과 친한 용진이었다. 그는 내게 맥주를 한 잔 사주며 단체가 광기로 나를 희생양 삼는다고 했다.

"그러니까 자신을 너무 괴롭게 안 하면 좋겠어. 이건 정상이 아냐. 지금 단체가 전국적으로 다 실적이 안 좋아. C는 드보라를 본보기로 조직을 쇄신하겠다며 자기 입지를 키우려는 거야."

그 엄혹한 분위기에서 나를 사람이자 친구로 대해 준 유일한 사람이었다. 고마워서 눈물이 났다. 내가 미처 생각하지 못한 관점이었다. 납작해진 자아로 '본질상 죄인' 타령하느라 시야가 좁아진 내 현주소였다. 조직의 이면과 목자의 허상을 알기까진 시간이 더 필요했다. 하나님의 영광을 그렇게 외친 C가 내 눈을 자기에게 향하도록 길들인 건 아이러니다. ("똑똑해서 더 나쁜 죄인"이란 말이 지독한 가스라이팅이란 걸 그가 지금이라도 깨닫기를 바란다.) 그 후 광기의 주인공들이 하나씩 떠난 그곳에 용진은 지금까지 목자로 남아 있다.

그때도 알았더라면

얼렁뚱땅 약혼하다

예고도 없이 C가 점심 먹으러 나오라기에 갔더니 군복 입은 덕이 같이 있었다. 삼계탕을 앞에 두고 한 술도 먹지 못했다. 국물도 목에 걸려 안 넘어갈 수 있다는 걸 처음 알았다. 온몸과 마음이 굳고 입은 바싹바싹 말랐다. C와 덕은 맛있게 먹었다.

C와 한 상에서 밥 먹는 일이야 가끔씩 밖에서 밥을 사주기도 했으니 낯설 게 없었다. 문제는 덕이 그 자리에 왜 있느냐였다. 그가 누구인가. 나를 아골 골짜기로 끌려 가게 하고 '영적 훈련'의 도가니로 몰아넣은 장본인 아닌가. 진심으로 불편했다. 내가 '유혹자'란 주홍 글씨를 달고 조리돌림 당할 때 군대로 '사라진' 사람이었다.

"다니엘이 휴가 나온 김에 내가 자리를 만들었지. 이제 너무 불편해하지 말고 잘 지내보도록 해."

C가 알아들을 수 없는 운을 뗐다. 그토록 주리를 틀 때는 언제고 갑자기 불편해하지 말고 잘 지내라고? 당최 무슨 소리인지 알 수 없었지만 나는 되묻지 않았다. 또 시험에 들까, 오해 살까 두려워서였다. 두 남자가 닭을 뜯으며 뚝배기를 비울 동안 나는 물도 마시지 못했다. 지난가을

이 내 인생 트라우마가 되었기 때문이다.

"아무리 생각해도 다니엘을 동역할 사람은 드보라가 적임자야. 국내 지부장이나 해외 한 나라의 지부장 선교사가 될 사람이잖아. 위대한 주의 종으로 쓰실 거야. 그러니 드보라가 잘 동역해."

귀를 의심했다. 이건 두 사람을 중매한다는 소리였다. 아, 나는 왜 이런 상황이면 말이 안 나올까. 두 남자를 번갈아 바라볼 뿐 어떤 질문도 할 수 없었다. 목소리가 나오지 않았는지, 말하고 싶지 않았는지 나도 모르겠다. 좋다거나 싫다거나 아무 말도 입 밖으로 나오지 않았다. 눈물이 나올 뻔했다. 갑자기 남편감으로 받아들이라니.

덕은 이미 기정사실로 아는 눈치였다. 미소 띤 그의 순수한 얼굴이 아이처럼 해맑아 보였기 때문이다. 군복 입은 그가 왔다 갔다 하는 건 알았지만 이런 '거래'가 있는 줄은 몰랐다. 나는 무엇인가. C는 나와 자주 밥상에도 앉고 기도도 했으면서 왜 이런 식으로 통보할까. 오만 가지 생각이 들었지만 한마디도 하지 못했다. C는 우리 두 사람이 잘 동역하여 쓰임받도록 축복했다. 그리고 나더러 선교사로 먼저 나가라고 덧붙였다.

내 생각은 두 갈래였다. 이건 하나님의 상급일까 시험일까? 나는 덕이 잘되기만 바라며 고통을 감내했더랬다. 낯선 남자를 소개받는 것보다야 낫다고 내 마음이 말하고 있었다. 고통 속에 덕이 내 마음에 들어와 있었지만 이건 상상 밖이었다. 우리 관계를 바라볼 사람들의 시선도 부담스러웠다. 연애질해서 결혼하게 되었다는, '믿음의 결혼'이 아니라는 낙인이었다. 어쩌면 다른 커플들도 남자가 원하는 쪽으로 '중매'했을지 모른다. 중매권은 C의 절대 권력이었으니까. 아무튼 나는 침묵하는 여자가 되고 말았다.

음식을 고스란히 남긴 채 나는 일어섰다. C와 덕은 캠퍼스 상황과 세계선교 이야기를 했고 나는 말없이 들었다. 덕과 내가 따로 대화할 시간은 없었다. 덕은 저녁에 나를 바래다주겠다고 했다. 아무 일 없었다는 듯 나는 다음 양들을 돌봤다. 나는 그를 결혼 상대로 받아들인 걸까? 내 마음 나도 알 수 없었다.

어떻게 '잘' 지낼 수 있을지 가르쳐 주는 이는 없었다. 나는 '영적 훈련'을 받고 싶지 않아 행동거지를 더 조심했다. 내 신변의 결정을 C에게 위탁하면서 나는 예스도 노도 말한 적 없지만 이듬해 우리는 단체에서 얼렁뚱땅 약혼식을 했다. 1989년 가을이었다. 덕은 여전히 군복 차림이었다.

알고 싶어요, 베를린에서

이선희의 노래 '알고 싶어요'는 연인을 향해 모든 게 궁금한 마음을 노래한다. 숙도 덕이 궁금했다. 그런데 모르겠더라. 얼렁뚱땅 약혼하고 얼떨결에 연애라는 걸 시작한 우리는 시작과 동시에 베를린과 서울에서 한 학기 떨어져 지내야 했다. 나는 길고 긴 편지를 썼다. '연애편지'로라도 딕을 읽고 싶고 깊이 내화하고 싶어서. 그러나 딕의 편지는 내 것과 비교할 수 없는 분량과 내용이었다.

참 좋아했던 노래인데 어느 날 '알고 싶어요'가 중년의 숙덕 귀에는 다르게 들렸다.

숙: 아니, 왜 이리 짜증 나게 들리지? 알고 싶다고 한 게 언젠데 아직도 알고 싶대. 사랑하는 사람끼리 직접 물어보고 대화해야 하는 거 아냐?

덕: 물어보려면 창피하고 눈치 보게 되고 그렇잖아.

숙: 사랑하는 사람이 왜 눈치 보게 해? 들을수록 가슴이 답답해져.

덕: 그런 사랑도 있으니까. 사랑하면 가슴앓이하는 게 당연하다고 생각할 때 있었잖아.

숙: 생각해 봐. 정황상 짝사랑인 거 같진 않잖아. 전제가 위계적인 관계 같지 않아? 여자가 묻는 건 창피한 거고, 남자가 묻는 건 체면이 안 서고 뭐 그런. 마음대로 질문도 못 하는 관계, 거기 권력이 있고 불평등이 있다고!

덕: 그런 거 같아. 묻는 사람한테 도리어 '꼭 말로 해야 해? 내 맘 왜 몰라 줘?' 이러지. 권력 맞네.

숙: 거절당하거나 판단 받을 두려움이 없어야 질문할 수 있지. 그런 관계라야 진짜 사랑이 자랄 수 있다고!

덕: 맞아. '묻지 마' 사랑하는 사람도 있으니까. 물으면 힘들어하는 사랑. 내가 그랬지.

긴 편지들 중 맛보기로 몇 개만 발췌해 싣는다. 아, 이제는 읽기에 너무 갑갑하고 짜증스럽고 부끄러운 편지들. 이제 마지막이다.

하나님께서 주신 가장 소중한 분 드보라 목자님,

내무반의 주일 아침은 TV 소리 등으로 소란스럽습니다. 어제는 제대자 교육을 다녀왔습니다. 식사, 잠자리, 휴식 공간 등 모든 것이 여의찮아 집 떠나면 고생이라는 말이 실감 났습니다. 양가를 다녀온 뒤 2주일 동안, 함께한 시간을 생각하며 푹 빠져 버렸습니다. 어제 목자님의 소감을 읽은 뒤 좀 부끄럽고 창피한 생각이 들었습니다. 군대라는 특수한 환경 탓인지, 하나님께 미안한 마음이 들면서도 봐 주시겠지 하는 심정으로 틈만 나면 푹 빠지곤 했습니다. 한 가지 위안은 주 안에서 드보라 목자님을 사랑하는 법을 배워 가고 있다는 겁니다.

이제 전역을 열흘 앞두고 기대와 염려가 뒤섞여 있습니다. 기도해 주십시오. 은혜 안에서 충성하고 강해지도록. 본성은 참 강해서 자기 열심과 의지가 앞설까 걱정입니다. 질적으로나 양적으로 부족한 저의 편지를 기쁜 마음으로 받아 주십시오. 이른 아침 승리하시길 기도합니다.

1990년 2월 4일 당신의 다니엘

심히 사랑하는 목자님,

일대일을 하는 뒷모습이 참 아름답습니다. 르망보다도 훨씬 아름답고 세상 누구보다도 아름답습니다. 그리고 또 하나의 새로운 만남을 생각합니다. 목자님과 저, 곧 우리와 예수님과의 만남입니다. 부족하고 허물 많은 우리지만 예수님으로 인해 기대와 설렘이 가득합니다. 제가 예수님 안의 제 인생을 기대하듯 우리의 인생도 기대합니다.

조금 전 목자님이 얘기했듯이 저는 저의 진실과 솔직함을 드리고 싶고 목자님의 진실과 솔직함을 받고 싶습니다. 목자님께 감사를 드립니다.

오늘은 집으로 돌아가는 당신의 발걸음에 마음으로만 동행합니다. 내일은 주일이라 일찍 깨우진 않겠습니다. 그러나 8시 이전에는 일어났으면 합니다. 그 이후까지 자는 모습을 상상하니 은혜가 안 될 것 같습니다.

1990년 3월 31일 다니엘

심히 사랑하는 목자님,

목자님이 시야에서 사라지는 그 직전까지도 참으로 담담했습니다. 그러나 자동문이 닫히면서 참으로 아득하고 막막한 기분이었습니다. 어머니께서는 통로 기둥에 머리를 기대고 한참 우시는 것 같았습니다. 그러나 곧 마음을 다잡으시는 듯했습니다. 저는 공항 밖까지 가족들과 함께 나와 주차장에서 헤어졌습니다. 저는 어쩔 수 없이 주님의 종이었습니다. 같은 값이면 좋은 자식, 좋은 사위가 되고 싶은 마음도 간절한데….

동역자들과 함께였기에 망정이지 혼자였다면 차에서 눈물을 흘렸을 겁니다. 공항에서 돌아온 뒤 1부 트레이너 미팅에서 참았던 눈물이 흘러 끝날 때까지 손으로 얼굴을 가리고 있었습니다. 끝나고 5층으로 올라가 이불을 뒤집어쓰고 한참을 울었습니다. 울다 잠이 들었는데 양이 와서 저를 깨웠습니다. 몹시 바쁘고 몹시 운 날, 일대일을 두 팀이나 해서 감사했습니다.

사랑하는 목자님, 1985년 베를린을 통한 공산권 개척의 방향을 주신 분이 하나님임을 압니다. 당신께서 목자님을 이날까지 인도하시고 베를린 개척을 시작하심을 감사합니다. 목자님으로부터 전화를 받은 직후 시계를 일곱 시간 늦추어 베를린에 맞추었습니다. 저의 기도와 마음의 표시입니다. 그리고 기도의 동역자 한 분을 얻어 감사합

니다. 어머니와 가끔 통화하고 편지도 하며 기도 지원받
고자 합니다.

1990년 4월 8일 다니엘

다니엘 목자님,

비행기 왼쪽 날개 옆자리였습니다. 바깥은 잠시 후 어두운 밤하늘뿐이었고요. 저는 계속 가만히 있었습니다. 그러고는 눈물을 많이 흘리며 울어 버렸습니다. 처음에는 쓸모없는 죄인을 구원하시고 세계선교에 쓰시는 주님의 은혜에 감사하는 눈물이었던 것 같습니다. 그러나 시간이 흐르고 비행기는 계속 어둠 속을 날아가는데 저는 진짜 혼자였습니다. 다니엘 목자님 이름을 가만히 불러 보았습니다. 옆자리가 비어 있는 게 너무 다행이었습니다.

R 선교사님은 제가 환경이 바뀌어도 잘 먹고 잘 잔다며 기특해하셨습니다. 시어머니처럼 잔소리해 주는 덕에 며칠간 저는 공부만 하고 시험을 보았습니다. 그 결과 베를린 자유대학에서 어학 과정 기초반에 배정되었어요. 이곳 어학 과정이 짜임새 있고 수준 높기로 유명해 많은 학생이 도전하지만 기회를 못 얻는 경우가 많다네요. 제가

은혜를 입었죠. 수업은 4월 17일부터 월·화·목·금요일은 9:30~13:00, 수요일은 11:00~14:00, 아주 강훈련이겠죠.

어제는 통장을 만들었습니다. 다음 주중에 의료보험 들고 학생 등록하면 이제 학생입니다. 비자 해결하고 연장하면 되고요. R 선교사님은 제 비자 해결되는 것 보고 24일쯤 한국에 가신다고 합니다. 비행기 예약한 대로 가시고 쉼을 얻길 기도합니다.

1990년 4월 13일 베를린에서 드보라

다니엘 목자님,

저는 베를린에 피는 꽃들을 보며 시를 쓰고 싶은 충동을 자주 느낀답니다. 화무십일홍이라고 꽃은 피면 금방 지는 줄 알았는데, 등하굣길에 보면 꽃이 오래 피어 있는 거예요. 아름다운 꽃을 지켜 주는 날씨가 중요하다는 사실을 깨달았어요. 벚꽃이며 개나리가 한국에선 얼마나 성급히 지던가요.

꽃이 아름답지만 온도가 맞지 않으면 금방 지듯 우리 사랑도 온도가 안 맞으면 그렇겠지요. 우리가 서로를 잘 모르기에 우리 사이에 있는 먼 거리와 기다림의 긴 시간은 맑고 순수한 우리 영혼을 더 길고 아름답게 피워 줄, 알맞게 싸늘한 날씨라 생각되었습니다. 목자님을 조심조심 알아 가며 더 깊고 넓게 소유하고 싶습니다. 제가 만약 꽃이라면, 목자님의 가슴에 아름다운 자태로 오래 피어 기쁨과 자유와 풍요와 평안을 드리고 싶습니다. 우리 사이에 계신 예수님의 영이 우리를 더 깊고 아름다운 사랑으로 인도하실 줄 믿습니다.

1990년 5월 1일 베를린에서 드보라

다니엘 목자님,

수많은 개척의 종들을 생각해 보았습니다. 홀로 외국 땅에서 성령의 역사를 섬긴 분들이 얼마나 피나는 투쟁을 했는지, 얼마나 주님을 뜨겁게 사랑했는지를요. 목자님도 군대에서 이런 심정을 느끼셨으리라 생각합니다. 자다 깨도 구원의 은혜와 부르심은 분명하다지만 현실은 깡으로 악으로 사는 것처럼 느껴졌습니다. 나는 아무것도 할 수 없구나, 솔직히 고백할 수밖에 없었습니다. 본국에서 날마다 기도하며 새 소식을 기다린다고 생각하면 가슴이 답답하기까지 했습니다. 사랑하는 당신께 힘과 위로가 못

되는 거 같아 펜을 들었다 놓곤 했습니다.

언제나 열쇠는 예수님께 있었습니다. 나와 주님이 형식과 의무와 보여 주기로 맺어진 관계가 아니듯 나와 당신은 역동적이며 자유로우나 무서우리만치 강하고 또 지극히 박약한 고리로 이어진 그런 관계였습니다. 우리가 함께 읽었던 시인이 그런 관계는 외줄을 타듯 아슬아슬하기도 하고, 규정된 역할은 없지만 헌신과 자유와 성장은 있다고 했던가요?

며칠 전 아버님의 편지를 받고 가슴이 뭉클하면서도 막막함을 느꼈습니다. 자상하게 쓰신 사랑과 배려가 감사한 반면, 앞으로 넘어야 할 거대한 산이 보였습니다. 어머님은 어서 빨리 3년이 흘러 오순도순 살 날을 기다린다고 늘 말씀하신다는군요. 아버님도 그날이 오면 열 일 제쳐 놓고 며느리 마중 가겠다 하시고요. 끝에는 "아버지가"라고 쓰셨습니다. 한참을 보았습니다. "하덕이 아버지가"가 아니라서 말입니다. 우리가 그런 사이더군요.

목자님을 생각하면 대학 4학년 시절이 오버랩되곤 합니다. 너무 친하면 안 될 분과 자꾸 가까워지는 건 아닌지 두려워하다가도 심란해질까 봐 깊이 생각 안 하려 하고 아무렇지 않은 척했더랬죠. 지금도 종종 그런 기분이랍니다. 그런데 아버님의 편지를 보고 우리가 꽤 멀리까지 왔구나, 이미 돌아가기 어려운 길로 접어들었구나 싶었습니다. 이 마음 아실까요?

1990년 5월 20일 베를린에서 드보라

다니엘 목자님,

우리의 결혼이라는 게 성큼 제 앞에 호랑이처럼 버티고 있군요. 보훔에서 보니 효은도 올가을 음악회 하고 나서 결혼하는 것 같습니다. 좀 들떠 보여 인상에 남았습니다. 저는 8월 21일 15시 10분 서울에 도착해 10월 12일 떠나는 항공편을 예약했습니다. 언제는 주님이 원하시면 일생이라도 떨어져 살 수 있다 큰소리친 것 같은데, 막상 결혼한다고 생각하니 마음이 다른 게 솔직한 심정입니다.

한 2주간은 먹고 자고 수업하고 복습과 시험 준비로 모처럼 고등학생같이 보냈습니다. 거의 학교에서, 도서관과 어학 실습실이나 카페테리아, 잔디밭 등에서 두서너 사람과 같이 공부했습니다. 시험 결과 보러 간 날 선생님이 처음에 비해 발전이 굉장히 빠르고 성적이 아주 좋다고 했습니다. 저는 모두 90점대를 받아 통과했습니다.

결혼 얘기 나온 김에 더 쓰겠습니다. 이곳은 일일이 예를 들기 피곤할 만큼 결혼 문화가 달라 보입니다. 젊은이들은 친구끼리 사는 게 일반적이고요. 제가 만난 이자벨은 불어와 영어를 가르치는 교사입니다. 유명한 루터 교회 음악회에 초대받아 갔더니 자기 집에 저녁 식사까지 초대했어요. 비기독교인 남자친구와 함께 살고 있었습니다. 둘은 각각 직장과 생활이 있지만 공동 주거로 생활하는 관계입니다. 대화할수록 참 지적인 사람들이었습니다. 가슴 아프지만, 교회라는 게 이곳에선 문화의 한 모퉁이밖에 안 되는 게 보였습니다.

1990년 8월 4일 베를린에서 드보라

그때 그 원피스

"봐라, 우리 딸들은 모두 원피스가 어울린다니까. 가는 허리는 살리고 엉덩이는 잘 덮어 주니 참하네. 무늬도 좋고 단정하고도 멋스러운 게 딱 니 옷이다. 됐다."

엄마는 나를 이리저리 돌아서게 하며 연신 옷을 쓰다듬었다. 스물여덟에 처음 하는 '멋쟁이' 원피스 패션쇼였다. 반곱슬 어중간한 단발에 통바지와 티셔츠를 입고 온 딸을 그냥 둘 엄마가 아니었다. 옷 사 입으라고 돈을 준들 시부모에게 인사 갈 때 입을 옷을 제대로 고를지 미덥지 않았을 테다. 가장 좋은 대안은 엄마가 직접 옷을 골라 사 입히는 것. 당신 마음에 딱 맞게 입혀 보는 중이었다. 1990년 8월 하순의 일이다.

베를린에서 한 학기 어학을 마치고 돌아와 보니 내 뜻과 상관없이 결혼식이 날짜까지 다 정해져 있었다. 9월 24일까지 남은 한 달 동안 양가 방문하고 결혼식 준비까지 마쳐야 하는 상황이었다. C의 결정이었다. 약혼한 사이였지만 덕도 나도 결혼을 언제 어떻게 한다는 구체적 그림이 없던 때였다. 상상 속 먼 미래에 있던 일이 갑자기 우리 앞에 현실로 닥쳤다.

덕과 나는 만나자마자 서둘러 양가로 '결혼 통보' 여행을 떠나야 했다. 영덕 우리 집에 먼저 들러 하룻밤 자고 밀양 시댁에서 하룻밤 자는 계획이었다. 우리 부모님은 묻지도 따지지도 않고 덕을 환대했다. 하나님의 종으로 내

놓은 딸이 만리타국 선교사로 갔다 돌아온 것도 반가운데 하나님의 일을 하는 사람과 결혼하겠다니 반대할 이유가 전혀 없었다. 우리는 동해 바닷가를 거닐며 잠시나마 데이트하는 연인의 느낌도 낼 수 있었다.

다음 날 아침이 밝자마자 엄마가 서둘렀다. 다 좋은데 딱 하나, 내 입성이 문제라고 했다.

"그런 옷을 입고 어째 시어른 될 분들한테 인사하러 간단 말이고. 머리는 저게 또 뭐고. 아무래도 안 되겠다. 말하모 뭐하노. 나하고 같이 대구 가서 미장원 들르고 옷 한 벌 사 줄 테니 입고 가거라."

못 이기는 척 엄마한테 이끌려 대구까지 갔다. 미장원에 들러 한 학기 동안 자란 반곱슬머리를 적당한 단발로 다듬었다. 편한 신발 대신 단정한 단화를 신었다. 숙녀복 가게를 수없이 들락거리며 입고 벗고 또 입어 보며 원피스를 골랐다.

"아니, 꼭 원피스로 할 건 없잖아요. 나중에도 활용하려면 너무 멋 낸 원피스는 싫다고요."

볼멘소리해도 소용없었다. 편한 치마나 바지는 모두 불합격이었다. 엄마에게 '조신한 처자'의 옷은 원피스라야 했다. 내가 고른 헐렁하고 자유로운 디자인은 불합격이었다. 소매가 짧아도, 치마가 너무 길어도 불합격이었다. 엄마의 기준을 통과해 선택된 옷은 안이 비치지 않는, 무릎 아래로 얌전하게 치마가 퍼진 셔츠형 원피스였다.

"8월 늦여름에도 더운데 안감 들어간 원피스를 한여름에 몇 번이나 입는다고 그래요. 돈 아까우니 활동적인 옷으로 사서 많이 입는 편이 나아요. 난 딱 떨어지는 옷보단 자유로운 스타일이 좋다고요."

그래, 자유였다. 베를린 자유대학에서 지낸 한 학기는 자유의 공기를 맛본 시간이었다. 사명과 훈련에 갇혀 있던 내가 자유로운 '신여성'으로 활보하는 기분을 즐겼다. 나는 그곳을 좋아했고 잘 적응했다. 독일어도 좋아했고 잘했다. 한국에 돌아오지 않을 가능성도 열어 둔 상태였다. 기말시험도 좋은 성적으로 통과했고, 여름에 그곳에서 아르바이트도 하며 가을 학기를 준비하고 진로를 고민할 차례였다. 그러나 삶은 왜 그리 내 뜻과 상관없이 흘러가야 했을까.

옷값은 엄마 지갑에서 나오는데 내 말발이 설 리가 없었다. 고백하자. 그 나이 되도록 나는 제대로 돈을 벌어 본

적이 없었다. 곧 결혼하는데도 돈 한 푼 모아 놓은 게 없었다. 대학 4년간 생활장학금 받고 살아서였다고 변명해 본다. 동생들과 함께 자취하던 대학 3학년 여름방학 말고는 아르바이트도 안 했다. '사명 중심'으로 사느라 그랬다. 명색은 선교사였으나 베를린 생활비도 부모님이 댔으니 나는 할 말이 없었다.

원피스는 녹색, 갈색, 황토색, 노란색이 어우러져 꽃인지 이파리인지 형체를 알 수 없는 추상화 무늬였다. 중년의 내가 지금 입어도 어색하지 않을 우아하고도 단정한 분위기였다. 중년의 엄마 안목이었으니 어련했을까. 천은 하늘하늘 시폰이지만 진녹색 안감이 위에서 치마 끝까지 들어가 전혀 속이 비치지 않았다. 목둘레에는 넓은 셔츠 깃이 놓였고 앞은 V자로 적당히 파였으며 치마 끝까지 굵은 금박 단추가 달려 있었다. 당시 유행 따라 전장에라도 나갈 듯 어깨 뽕에 힘이 잔뜩 들어가 있었다. 팔꿈치까지 오는 넓은 소매는 끝이 접혀 있고 뒤쪽에 작은 단추가 달려 있었다. 어깨에서 가슴께까지 앞뒤로 넉넉한 맞주름이 내려오다 잘록하게 좁아지면서 허리 위로 치마가 연결되고 같은 천의 벨트도 있었다. 착용감도 좋았다. 걸을 때마다 앞뒤 두 개씩 잡힌 주름 끝에 넓어진 치마폭이 바람에 살랑댔다.

"우리 아들이 고자인 줄 알았더니 어디 이래 참한 처자를 숨겨 놨다가 이제야 데려왔노!"

원피스를 입은 나를 맞으며 덕이 아버지가 하신 첫마디였다. 그는 나를 향한 만족과 기쁨을 감추지 않았는데 그중엔 내가 알아들을 수 없는 우스개도 많았다. 나는 다만 듣고 있었다.

"이래 가지고 배추 한 포기나 들겠나. 너그 엄마는 쌀가마니도 드는데."

"저놈이 이런 능력이 있는 줄 내가 몰랐다. 맏며느리가 잘 들어오니 이제 맘이 놓인다."

"살다 보면 남자는 누구나 한 번쯤 외도다 바람이다 그런 실수 할 수 있다. 그럴 때 여자가 잘 참고 받아 줘야 가정이 유지된다. 알제? 명심하거라."

준비되지 못한 내 내면을 추상화 원피스가 가려 주었다. 사랑도 결혼도 믿음도 사명도 그땐 다 추상화였다. 경제적으로는 부모님께, 정신적으로는 단체에 의존하고 사는 주제에 '믿음과 순종'을 노래하고 다니던 때였다. 자아도 의지도 선택도 내 것이 없으니 욕망도 고민도 다 뜬구름이고 구체적인 게 없었다. 그럼에도 결혼 승낙도 결혼식 준비도 일사천리로 진행되었다. 모든 수고와 비용은 양가 부모님 몫이고, 주관은 선교 단체가 했다. 하나님의 이름으로.

4장 2002~2014
하프 타임: 새 언어를 찾아서

새천년 새 희망 하프 타임, 내 이름은 프리랜서

"존경하고 사랑하는 국민 여러분! 희망의 새천년이 시작되었습니다. 새해에 여러분 모두가 복 많이 받으시기를 진심으로 빕니다. 지나간 천년은 인간과 자연, 강자와 약자, 남성과 여성, 동양과 서양이 서로 대립하던 갈등의 시대였습니다. 그러나 새천년은 인류의 보편적 가치가 전 세계에서 처음으로 실현될 수 있는 희망의 시대입니다. 새천년은 인간과 자연의 조화, 남녀평등의 실현 속에 평화와 인권과 정의 등이 지구촌의 보편적 가치로 정착되는 시대가 될 것입니다."

2000년 새해 김대중 대통령의 연설은 '희망의 새천년'이란 말로 시작했다. 남녀평등의 실현, 인류의 보편적 가치 실현, 지식혁명 등 귀를 기울이며 가슴으로 들었다. '패러다임 변화'와 '여성의 시대'가 진심으로 궁금했다. 집으로 배달되는 《여성신문》을 읽으며 여성에 주목했고 깊이 알고 싶었다. 나는 생물학적으로만 여자였지 그때까지 한 번도 여성 됨을 주목한 적도 희망적으로 본 적도 없었기 때문이다.

새천년 새 희망은 정치적 수사나 구호로만 들리지 않았다. 내 안에 알 수 없는 일렁임이 있었다. 그건 변화와 새 희망에 대한 갈망이었고 잠자던 내 영혼을 깨우는 알람 소리였다.

줌마네 자유기고가 과정 1기

가부장적 기독교라는 골방에 살던 내게 《여성신문》은 바깥으로 난 창문과도 같았다. '여성'이라는 화두는 창으로 비쳐 드는 햇살이었다. 나는 스프링처럼 튀어 올라 창밖으로 빠져나가고 있었다. 남성의 돕는 배필이나 그림자 말고 인간 여성으로 가득한 새 세상을 보았다. 글로리아 스타이넘, 버지니아 울프, 마리아 미즈, 또 하나의 문화, 이효재, 장필화, 한국염, 고은광순… 《여성신문》에 나온 인물을 공부하고 책을 읽었다.

《여성신문》 광고를 보고 2001년 '줌마네 자유기고가 과정 1기'에 등록했다. 줌마네는 여성학을 공부한 이숙경, 로리주희 등 아줌마들이 만든 아줌마 단체였다. 아줌마 10년 차가 넘었지만 내게 아줌마는 '멸칭'으로 들리던 때였다. 그런데 그들은 아줌마 됨을 긍정할 뿐 아니라 아줌마들에 의한 아줌마들을 위한 아줌마들의 공동체로 아줌마들의 자립까지 돕고 있었다. 골방 예수쟁이 아줌마와 열린 세상 페미니스트 아줌마들의 역사적인 조우였다.

자유기고가 과정 1기의 목표는 '아줌마가 글쓰기로 돈 벌기'였다. 내가 서울까지 오가며 도전한 것도 바로 이 목표 때문이었다. 나는 정말 글을 쓰고 싶었고 돈도 벌고 싶었다. 무급 그림자 노동만 죽어라 하던 내가 글쓰기로 돈도 번다니, 놓칠 수 없는 기회였다. 그곳은 가르치는 사람, 배우는 사람이 위계 없이 친구가 되는 공간이었다. 스트레이트 기사, 인터뷰 기사, 기획 기사, 매체 글쓰기 등 배우는 즐거움에 8주가 순식간에 지나갔다.

아줌마들이 《오마이뉴스》 시민기자로 글을 올리는 게 마무리 과제였다. 2001년 11월 내가 올린 첫 글 '안 먹어도 걱정, 다 먹어도 걱정'을 잊을 수 없다. 초보의 글에 "느낌과 사실을 구별해라.", "취재가 부족한 글이다." 등 폭풍 같은 댓글이 달렸다. 몸이 떨리고 얼굴이 화끈거렸다. 그렇게 시민기자요 자유기고가로 호되게 신고식을 치르고 이듬해 기획 기사 '환락가 모텔에서 보낸 하룻밤' 등으로 연말에 '올해의 시민기자상'을 받았다.

현타와 배움의 시절

2002년 하반기부터 숙덕은 애 셋 딸린 중년 백수 부부였다. 무슨 대단한 하나님의 종이랍시고 참 뜬구름을 좇았구나, 현타가 왔다. 백수 부모에겐 네 살배기 껌딱지 막내도 있었다. 내가 프리랜서로 원고료 받는 글 한 꼭지라도 집중해 쓰려면 덕이 막내와 놀아 줘야 했다. 가끔은 흥부 가족처럼 초라해 보였지만, 아이들은 부모의 부족함을 넘어 무럭무럭 밝게 자라 갔다.

워낙 가진 게 없었기에 잃을 게 별로 없었다. 엄청난 시간이 주어졌고 자유가 주어졌다. 현타는 괴로웠지만 새로운 성찰과 발견의 기회이기도 했다. 자유를 누려야 새로운 생각도 나오는 법. 우리에게는 자유가 절실했다. 양 돌보는 일도, 주일 예배도, 설교 준비도 없어 좋았다.

우선 손에 집히는 대로 책을 읽었다. 도서관에서 무더기로 빌려다 쌓아 놓고 서로 먼저 보겠다며 읽는 게 일과였다. 궁금하던 대하소설 《토지》, 《태백산맥》, 《아리랑》을 읽을 때는 밥 먹는 시간마저 아까웠다. 1990년대 전반의 한국 사회에 관해서도 공부했다. 1980년대에 센터에서 '금서'로 치부하던 《야훼의 밤》을 다시 읽었다. 선교 단체의 권력 암투를 르포처럼 잘 그려 냈지만 여성은 보이지 않았다. 조성기는 남성 작가니까. 언젠가 여성의 목소리로 이런 이야기를 쓰고 싶다고 생각했다.

《여성신문》을 통해 한국여신학자협의회(이하 여신협)와 연결되어 여성신학을 통신 과정으로 공부할 수 있었다. 내가 배워 온 성경 해석이 전부가 아닌 걸 말해 무엇 하랴. 세상은 넓고 공부할 것도 많았다. 여신협 회원이 되어 다양한 교파의 여성 사역자들과 교제하며 독서의 폭을 더욱 넓혀 갔다. 학위는 없지만 '삶의 여신학자'로서 스스로 성서를 새롭게 연구했다.

나는 프리랜서가 좋았다. 어디에도 속하지 않은 '프리랜서 예수 따르미'로 한국 교회를 둘러볼 수 있었다. 대형 교회는 물론이고 작은 교회, 여신협 회원 목사의 교회, 다양한 교파, 성당, 구세군 교회에도 나갔다. 구세군 사관이 될까도 생각했지만 사관학교를 둘러본 뒤 마음을 접었다(그때 우리 부부를 환대해 준 사관님들께 감사하고 미안하다). 가정 사역 단체에서 공부하고 글도 썼다. 조정래 작가 강의에서는 빨갱이 몰이 당한 그의 이야기가 내가 선교단체에서 겪은 일과 비슷해 놀라며 들었다.

전반전 끝나고 하프 타임

어느 날 《하프 타임》이란 책이 손에 들어왔다. 표지에 "지금 당신에겐 작전 타임이 필요하다."라는 카피가 있는, 피터 드러커가 추천한 자기 계발서였다. 석 달 만에 5쇄를 찍을 정도로 당시 잘나가던 책이었다. 그러고 보니 우리야말로 계획에도 없던 작전 타임에 들어와 있었다. 전반전을 정리하고 후반전을 준비하자며, 우리는 '하프 타임'을 한동안 닉네임으로 쓰기도 했다.

우리는 그동안 무엇을 믿고 살았는가?

내가 믿은 것들은 어떻게 나를 배반했는가?

전반 40년이 남긴 문제는 무엇이고 결실은 무엇인가?

우리는 이제 어떻게 살고 싶은가?

그런 삶을 위해 무엇을 배우고 무엇을 바꿔야 하는가?

 마흔에 바다를 보며 우리는 질문을 마주했다. 전반전 40년을 단번에 정리하긴 어려웠다. 그걸 읽어낼 눈도 언어도 우리에겐 없었다. 분명한 건 우리에게 하프 타임이 필요하고 작전을 새롭게 짜야 한다는 사실뿐이었다. 전반전이 40년이었으니 후반전도 40년이라 치면, 하프 타임에는 몇 년을 할애해야 할까? 4년? 8년? 도무지 알 수 없었다. 일단 하프 타임을 가지고 후반전은 다르게 살자. 상상하며 꿈꾸자. 그게 방향이었다.

 눈과 귀를 더 열고 공부하는 게 작전 타임의 핵심이었다. 이전에 알던 것들에 배신당했기 때문이다. 그러자면 밥벌이를 해결해야 했다. 실업급여가 끊길 무렵 우리는 가정교사 아르바이트를 시작했다. 아이들 친구들과 이웃 아이들을 대상으로 나는 영어를, 덕은 수학을 가르쳤다.

우리 아이들은 피아노와 태권도 말고는 학원도 과외도 안 시키면서 남의 애들 사교육으로 돈 받는 게 좀 찔리긴 했다. 목구멍이 포도청이라 했던가. 작전 타임이니 타협하기로 했다.

그 모든 게 은총의 도우심이었음을 고백하지 않을 수 없다. 덕은 후반 인생과 사역의 밑그림을 신학대학원에서 신학을 공부하며 다시 그리기로 했다. 나는 무엇을 하든 작가로 살고자 그 길에 필요한 공부를 했다. 닥치는 대로 읽고 보고 강의를 듣고 글쓰기 강좌에 나갔다. 아이들이 학교에서 가져오는 가정환경 조사서에 아빠는 '목회자', 엄마는 '작가'라 쓰게 했다.

강도 만난 사람, 사마리아 사람 그리고 사회복지사

하프 타임은 과연 작전 타임이었다. 나에 대해, 일에 대해 그리고 믿음에 대해 다시 생각하는 시간이었다. 누가복음 10장 30~37절의 '선한 사마리아 사람' 비유를 보자. 어떤 사람이 예루살렘에서 여리고로 가다가 강도를 만난다. 죽도록 두들겨 맞고 발가벗겨져 버려진다. 제사장이 지나다 그를 보고 피해 간다. 레위인도 지나가 버린다. 그런데 사마리아 사람은 그를 보고 불쌍히 여겨 다가간다. 먼저 상처에 기름과 포도주를 붓고 싸맨 뒤 나귀에 태워 여관으로 데려가 돌봐 준다. 이튿날 숙소 주인에게 돈을 주며 말한다. "이 사람을 돌봐 주세요. 돈이 더 들면 돌아와서 갚을게요."

여기까지 이야기한 뒤 예수는 자기를 시험하는 율법학자에게 질문한다. "당신이 생각할 때 이 세 사람 중에 누가 강도 만난 사람의 이웃인가요?" 그가 대답한다. "자비를 베푼 사람입니다." 그러자 예수가 말한다. "가서 당신도 이와 같이 하세요."

예전에 나는 강도 맞은 사람을 '하나님을 떠나 죄와 죽음 아래 고통받는 인간'에 대한 은유로 이해했다. 인간 실존은 영혼이 강도 맞은 상태라고 말이다. 종교인들은 위선 떨며 지나쳤지만 예수는 내게 구원자였다. 예수의 은혜로 구원받은 나도 사람들에게 좋은 이웃으로 다가가야 한다, 그런 식으로 이해했더랬다.

그런데 이제는 다르게 읽혔다. 강도 맞은 사람이 현실의 내 모습으로 보였다. 나는 진짜 탈탈 털린 알몸이요 영혼조차 빈손이었으니까. 몸과 마음이 상처투성이였다. 하나님의 부르심을 믿고 따랐다고? 하나님이 강도였나? '거룩한' 사람들이 강도였나? 그걸 다 알 수 없으니 더더욱 강도 맞은 꼴이로다.

사마리아 사람도 새롭게 보였다. 유대인에게 사마리아는 혐오와 차별의 대상 아니던가. 사마리아 사람이란 인종적, 종교적, 사회적으로 하찮고 낮은 존재를 대표했다. 요즘 말로 '소수자'가 강도 맞은 사람에게 좋은 이웃이라니! 지금까지 엘리트주의와 권위주의적 관점으로 성경을 읽어 온 게 부끄러웠다. 사람을 보는 눈이 달라졌다.

여성 목사와 여성 쉼터

집 근처에 여성 목사가 담임하는 교회가 있었다. 여신협 회원 여성 목사라니 만나 보고 싶어 직접 찾아갔다. 목사 T는 나보다 몇 살 많은 40대 후반 비혼 여성이었다. 100명 안 되는 규모의 교회와 부설 기관에서 가정폭력 피해 여성들을 위한 쉼터를 돌보고 있었다.

얼마 전 총신대에서 한 남성 목사가 "기저귀 찬 여자는 강단에 설 수 없다."라며 헛소리한 일이 떠올랐다. 신자는 여성이 다수지만 목회자는 남성이 압도적 다수인 개신교 바닥에서 또래의 여성 목사라니, 내 눈에 T는 참 멋있고 존경스러웠다. 어쩌면 부러웠는지도 모른다. 기왕 하나님의 일을 할 거면 나도 목사 할걸. 어쩌다 '주의 종'을 돕는 사모가 되었는지.

"남자는 돕는 배필이 필요한데 여자는 돕는 배필 없이도 목회 잘만하는군요. 독신 남성 목회자 봤나요? 여신협만 해도 독신 여성 목사가 많아요. 이건 뭘까요? 여성이 훨씬 유능하고 독립적이다? 여성의 창조 목적이 남자를 돕는 거란 말 좀 거시기하지 않아요? 하하하."

"남녀는 서로에게 잘 맞는 짝으로 창조되었다고 보는 게 원뜻에 가깝죠. 여자만 남자를 돕는 배필이라 쓴 건 기록 당시의 가부장적인 관점이 묻어난 거라고 보는 해석이 많잖아요."

우리는 이런 주제까지 웃으며 수다 떨 수 있었다. 나는 어떻게 살아왔고, 지금은 자유인이며, 앞으로 몇 년 정도 하프 타임이라고 털어놨다. 우리 가족은 그다음 주부터

T의 교회 주일 예배에 나갔다. 순전히 여성 목사와 감리교회를 경험하고 싶어서였다. 자원해서 특송도 하고 사람들 속에 섞여 들어갔다.

"김 선생님이 쉼터에 있는 여성들과 성경 공부도 하고 상담도 좀 해 주시면 어떨까요?"

어느 주일에 T가 제안했다. 쉼터에는 젊은이부터 노년까지, 잠시 다녀가는 경우도 있지만 아이들까지 데리고 몇 달을 머무는 여성들도 있었다. 부족한 돈과 인력으로 '사회 사업'을 하는 T에게 나는 더없이 좋은 동역자인 셈이었다. 거절할 이유가 없었다. 내가 잘하는 일로 이웃에게 도움이 될 기회였다.

강도 만난 사람과 사마리아 사람

원래 성폭력과 가정폭력 상담은 전문 교육을 받고 자격증이 있어야 하는 분야다. 쉼터는 전문 인력을 쓸 형편이 아니었는데 도움을 원하는 여성이 많으니 T는 나처럼 '훈련된' 아줌마를 통해 피해 여성들을 지지하고 싶었을 것이다.

한 주에 최소 두세 번 성경 공부와 상담을 했다. 그곳은 폭력이 만연한 세상에서 강도 맞은 사람들의 쉼터였다. 남편의 폭력을 피해 맨발로 도망쳐 온 여성들. 이야기하는 사람도 듣는 사람도 울지 않을 수 없었다.

나는 아버지가 엄마를 장작으로 때리는 걸 목격한 아이였고 매 맞는 아이였다. 쉼터 여성들이 꺼내 보인 상처에 고개를 숙이며 폭력을 폭력이라 명명하지 못했던 지난날을 돌아볼 수 있었다. 덮어 두고 회피하던 상처를 마주할 새 언어를 배울 수 있었다. 영적 학대, 가스라이팅, 가부장제, 여성 혐오, 성차별, 남성 권력, 종교 권력….

T가 내 상담과 수고에 감사한다며 현금이 든 봉투를 주었다. 상상 못 한 일이었다. 긴 세월 남을 돌보는 일을 했지만 돈을 받아 본 적이 없었다. '사명'의 이름으로 내 시간과 수고를 무급으로 마음대로 부린 시스템은 분명히 문제가 있었다. 사모라고 평생 그림자 노동을 요구받는 것 역시 폭력일 수 있었다. 쉼터에서 소액이나마 사례비를 받고 감사 인사를 들으며 내 눈이 달라지고 있었다.

그때 나와 함께한 쉼터 여성들께 감사하고 싶다. 강도 만난 처지에서 누군가에게 큰 도움을 주었다는 걸 그분들은 알까. 인생의 바닥에서 내가 만난 사마리아 사람이었다. 이 세상 구조가 어떻게 일그러지고 기울어 있는지, 그 속에서 여성으로 산다는 게 무얼 의미하는지 똑똑히 보게 했기 때문이다.

사회복지사 양성 과정

"김 선생님, 사회복지사가 되시면 어떨까요?"

2004년 봄에 T가 또 새로운 제안을 했다. 한 번도 생각한 적 없는 직업이었다.

"사회복지사요? 자격증 말인가요?"

"그렇죠. 지금 이미 최고의 사회복지사잖아요. 교육받을 기회가 있어서 도와드리고 싶어요."

T는 진지했다. 당시 참여정부는 쉼터처럼 열악한 복지 시설을 신고 시설로 만들기 위해 '사회복지 시설 양성화' 정책을 시행하고 있었다. 서울, 공주, 광주 등 전국 5개 대학에 개설한 '보건복지부 위탁 사회복지사 양성 과정'도 그 일환이었다. 사회복지 종사자들은 24주 또는 12주 수업으로 사회복지사 자격증을 받을 수 있었다. T가 시설장으로서 12주간 먼저 교육을 받고 다음 학기에는 내가 공부할 수 있도록 해 주고 싶다는 게 T의 뜻이었다.

"지금은 개척 교회가 자립하기 어려운 시대잖아요. 부군께서 신학대학원 마치고 본격적으로 개척하더라도 사모님이 일해서 돈 벌어야 할 가능성이 높죠. 사회복지사 자격증 받고 취업하는 게 맞다 싶어서요."

T는 애 셋 딸린 우리에게 개척 교회는 결코 경제적인 보장이 안 될 거라고 했다. 직장 다니는 미자립 교회 사모. 가장 그리고 싶지 않던 미래 모습이었다. 여성 쉼터에서 봉사하는 나는 '어쩌다' 사회복지사가 되었다. 그러고 보니 남 섬긴다고 하던 일이 전부 사회복지사의 역할을 닮아 있었다. 솔직히 부끄러웠다. 자신의 경제적 현실을 직시하지 못하는 내가 보였기 때문이다.

T가 서울로 학교 다니는 12주 동안 내가 시설의 지킴이가 되었다. 양성 과정은 일주일 내내 아주 빡빡하게 출석하고 학점을 따야 하는 과정이었기 때문이다. 나는 매일 출근해 사무도 보고 전화도 받고 사람들도 돌봤다. 2004년 여름 졸업하면서 T는 나를 가을 학기 양성 과정에 추천해 주었다. 나처럼 대졸인 경우 1년 이상 사회복지 시설에서 재직 중이거나 조건부 신고 시설로 신고한 시설의 종사자라면 시군구의 확인을 받아 지원할 수 있었다.

엄밀히 말해 나는 그 과정에 지원하기에는 종사자로서 자격이 모자랐다. 내가 재직자로서 시군구의 확인을 받으려 해도 아무런 자료가 없었기 때문이다. 나는 4대 보험에 가입된 '등록 직원'으로 일한 게 아니었기에 시청에는 관련 서류가 없었다. T는 시청 사회복지과에 나를 데려가 담당 공무원에게 호통치며 나를 변호했다.

"열악한 시설이라 조건부 신고 시설 아닙니까. 제대로 월급 줄 형편이 못 되어서 조금밖에 못 주며 고생시켰다잖아요. 확인할 수 없다고요? 사회복지사 양성 과정 교육이라도 받을 수 있게 해 주고 싶다는데 못 알아듣겠어요? 당신들 우리가 고생할 때 뭐 해 준 거 있다고 이제 와서 되네 안 되네 길을 막아요? 어서 확인서나 떼 주세요!"

T의 지지 덕에 나는 시청 확인을 받고 사회복지사 양성 과정에 입학할 수 있었다. 등록금 33만 4,000원도 T가 대주었다. 사회복지학 개론과 일반 상식 필기 시험, 면접을 통과한 후 12주간 학생이 되었다. 정치학을 이렇게 열심히 했더라면 세상을 바꿨을 텐데 싶을 만큼 재미있게 공부했다. 나는 우수한 성적으로 사회복지사 2급 자격증을 받고 졸업했다. 계속 쉼터에 출근하려는 나를 T가 말렸다.

"쉼터는 제대로 월급을 못 드리니 김 선생님을 떠나보내는 게 맞아요. 그동안 도와주신 것만 해도 엄청난 거 아시죠? 여기 걱정은 마시고 구직하고 일하세요. 어디서든 잘하실 거예요. 다섯 식구 생활하고 목회도 계속해야죠."

T는 내게 끝까지 사마리아 사람이었다. 2004년 연말 나는 사회복지사로 취업했다.

여그 여그 수놈들 좀 많이 보내 봐

나는 2004년 말부터 2015년 초까지 사회복지사로 직장 생활을 했다. 2급 사회복지사로 1년 일한 뒤 국가 시험에 합격해 1급 자격증도 받았다. 여성 쉼터에서 시작해 노인 복지, 통합사례관리, 그리고 장애인 복지를 거쳤다. '대학생 선교' 깃발만 따라다니던 전반기와 전혀 다른 모양의 하프 타임이었다.

인류 최초의 사회복지사는 예수가 아니었을까? 사회복지사로 일하는 동안 내가 종종 하던 생각이다. 예수는 '사회복지 대상자들'을 하나님의 형상으로 대하고 그들과 친구로 어울렸기 때문이다. 약자더러 강자에게 머리 조아리고 복종하게 하는 건 결코 예수의 가르침이 아니었다. 내가 40년 동안 배운 것은 알고 보니 강자의 역사요 승자의 기록이었다.

나는 날마다 내담자들의 인생 이야기를 듣고 상담하고 복지 자원을 연결했다. 그들 중 하나가 되어 공감하며 웃고 떠들었다. 운전해서 출장을 다니고 교육을 받고 프로젝트를 만들었다. 과외 아르바이트는 그만두었고 퇴근 후에는 우리 아이들에게 영어를 가르쳤다. 주말에는 벗들과 작은 공동체 예배를 하고 함께 밥을 먹었다. 그리고 틈날 때마다 책을 읽고 글을 썼다.

사회복지사로 일하며 쓴 단상을 조금 옮겨 본다. 40대인 내가 60대를 보며 '젊디젊은'이라더니 내가 지금 그 나이가 되었다. 경로당에서 할머니들께 들은 이야기를 끝까지 다 쓰지 왜 글을 저리 마무리했을까, 지금 보니 아쉽기 그지없다. 휘발유 이야기가 전혀 기억이 안 나게 될 날이 올 줄 그땐 몰랐겠지.

달콤 쌉싸름한 노인 취업 이야기

"센터장님, 지난번 말씀드린 아파트 상가 청소직 어떻게 됐어요?"

"아 네, 아직 못 구하셨어요? 어쩌나 며칠 됐는데…."

"그러게 말입니다. 있는 사람은 힘들어하고 사장님들은 60대 초로 바꿔 달라 하고… 좀 해결해 주셔야죠."

사람이 없어 민망한 내 마음을 아는지 모르는지 용역회사 사장은 아이처럼 떼를 쓴다. 1790세대 입주 5년 차 깨끗한 아파트 단지에 30개 상가가 입점한 3층 건물 청소 일자리다. 교통이 외진 데다 월급 65만 원에 토요일 오전 근무까지 해야 한다. 좋은 조건이 아니니 소개하는 내 마음이 즐거울 리 없다.

'노인 취업'이라지만 갈수록 구인 연령이 낮아지고 있다. 센터의 구직자 연령 하한선은 만 60세다. 60대 초반 어르신들은 내가 봐도 젊디젊다. 저런 급여에 토요일까지 일하는 조건이라니 마음이 불편하다. 팍팍한 현실을 인정하며 나는 또 열심히 밀당을 할 수밖에 없다.

"사장님, 연령대를 60대 후반까지 높이면 안 될까요? 70대 어르신도 일 잘하는 분이 얼마나 많은데요."

"그러고 싶지만 상가 사장님들을 이길 수가 없어요. 지금 일하는 분이 64세인데도 힘들어해서 그래요."

"아이고 사장님, 어르신들 개인차가 얼마나 큰데요. 나이 문제가 아니라 근무 조건 때문은 아닐까요? 청소만 하는 거예요? 다른 잡무는 뭐 해요?"

구인처는 내 질문에 관심이 없다. 지금 청소하는 분이 종이박스 정리로 불평한다, 청소 상태가 만족스럽지 않다 등등 구인 전화를 받을 때마다 반복되는 상황이다. 노인 취업이란 게 용역회사를 통한 간접 채용이 대부분이다. 계약 기간은 짧고 업체가 바뀔 때 고용 승계도 잘 안 지켜진다.

어쩌다 밀린 월급도 못 받고 일자리를 잃는 경우를 볼 때면 복잡한 심기가 극에 달한다. 취업한 어르신들로부터 고맙다는 인사를 듣기도 하지만, 이게 과연 노인 복지 맞나 질문하지 않을 수 없다. 내 책임은 어디까지일까. 올 초 복지관 청소하던 분이 퇴사할 때도 그랬다. 몇 달 월급이 밀리고서야 업체의 부도 사실을 알았다. 돈을 어떻게 받을지 고민하며 나를 돌아보던 그 눈동자…. 노인 취업 지원이라지만 업체의 이윤 추구를 돕는 마름 노릇 같다면,

너무 심한가?

공동 작업 부업하는 노년 여성들

여기는 할머니 회장님과 할머니 회원들만 남은 안산의 한 경로당이다. 부업을 하고 싶다는 어르신들의 요청에 따라 내가 일감을 대 주고 며칠 만에 경과를 보러 왔다. 경로당 공동 작업은 장소 선정도 일감 선택도 간단하지 않다. 회원들이 함께 하는 공동 작업 관리도 그렇다. 다행히 이곳에서는 연착륙이었다.

플라스틱 부품 조립이 한창이다. 스프레이에서 물이 칙칙 나오는 구멍 쪽에 쓰는 작은 부품을 조립하는 일이다. 약간 뾰족한 부품을 동글납작한 부품에 끼워 넣으면 끝이다. 한 개 끼우면 2원. 할머니들도 금방 손에 익어 돋보기 없이도 하는 단순 작업이다. 끼우기 전 뾰족한 부품 끝에다 윤활유 묻히는 것만 잊지 않으면 된다.

"처음 배우는 게 어렵지 손에 익으면 다 해. 시간 잘 가고 좋아."

한 분이 일하는 모양을 자랑하듯 내게 보여 준다. 나는 양쪽 손을 반듯하게 하고 두 모서리가 잘 맞게 하시는지 살핀다.

"나이 먹으믄 손이 짝짝 안 맞는다니께. 그래도 요건 하겄구먼. 재미있어야."

나도 잘하신다며 추임새를 넣는다. 할머니들은 서로 확인하며 보여 주며 서두르는 법이 없다.

파란색 부품 세 개로 구성된 건 하나에 3원이다. 파란 마개 끝 쏙 들어간 부분에 하얀색 동글납작한 부품을 끼우고 뒤집어서 하얀색 길쭉한 걸 하나 더 끼우면 끝이다. 역시 윤활유를 잊으면 안 된다. 살짝 어려워 역할을 분담하기도 한다. 연세가 많아 눈이 잘 안 보이거나 동작이 어려운 분은 하얀 부품만 계속 끼워 넘긴다.

"많이 하려들 말고 불량 안 나오게 찬찬히 혀들."

"이건 일도 아녀. 나는 요거 간단한 것만 하면 되지야?"

"아이구 형님, 고걸 뒤집었응께 안 들어가제. 요렇게 하는 거라니께."

"잘하는구먼. 그렇지, 그렇지."

"젊을 때 나도 부업 참 징하게 했구먼. 이젠 힘들다야."

여그 여그 수놈들 좀 많이 보내 봐

"여그 여그 수놈들 좀 많이 보내 봐. 없어야."

한 분이 팔이 안 닿아 부품을 좀 건네 달라고 소리치자 온 방 어르신들이 와자하게 웃는다.

"아따, 수놈이라 혔어?"

"맞어, 야들 봐라. 뾰족하게 생겼으니 수놈이고 요건 납작하게 생겼으니 암놈이제. 안 그려?"

"어메, 우리 경로당에는 사람도 수놈이 없는디 요것들도 수놈이 모지래야? 하하하."

"그렇제. 수놈이 늘 문제여. 영 모지래. 이짝으로 좀 많이 밀어줘 봐."

"그렇구먼. 요것들 만져 봐, 딱딱헌 거이 찌르는구먼. 만져 보랑께?"

"그라이 수놈이지. 그게 힘이 없으모 어따 쓴다노 마!"

"그러니께 여 봐라. 지름을 요렇게 발라야 수놈이 암놈 속으로 쏙 잘 들어가제."

접시에 담긴 윤활유를 찍으며 또 한 분이 소리치니 기다렸다는 듯 다들 웃는다.

"그렇제잉. 나이 먹으믄 지름을 좀 발라 줘야 잘 되제."

"젊은 선생님 계신데 할망구들이 별소리를 다 허제?"

"아이구, 김 선생님도 다 알아들으시는데 뭔 소리 하고 있댜."

와하하 웃는 할머니들 사이에서 나도 맞장구치며 거든다.

"맞아요, 어머니. 다 알아들었고 말고요. 잘 새겨들어야 저도 나중에 써먹죠."

"그려그려, 나도 옛날에 들은 거 갖고 시방 써먹고 살어. 내친김에 옛날 얘기 하나 더 허까? 들어 봐잉. 어느 집에 며느리가 봉께 부엌에 둔 지름병이 자고 나면 줄고 자고 나면 줄고 하더랴. 고거 참 희한허다 허고 어느 날 밤에 작정하고 지름병을 지켜봤다잖어. 그랬더니 글씨, 시아버지가 밤에 살금살금 와설랑 지름을 덜어 가더라는 거 아녀. 워따 썼을까?"

어르신들이 손뼉 치며 자지러지게 웃으신다.

"그거뿐이간디? 휘발유 얘기는 왜 안 혀?"

"고마 그거는 담에 하라카이."

또 깔깔깔 웃음보따리가 터진다.

"아따, 됐응께 여그 여그 수놈이고 암놈이고 좀 많이 보내 주라니께. 다 줬었어야."

그리고 결국 휘발유 얘기도 하셨는데 차마 글로 못 옮기겠다. 내가 나이를 좀 더 먹어야 얘기할 수 있으려나.

아티스트 웨이, 나는 예술가

"바쁘신 중에도 대단한 정열이십니다. 문학 강좌도 짬 내서 들으시는 걸 보니 이 책을 권해 드리고 싶습니다. 은근히 도움이 되더라고요. 《아티스트 웨이》, 영화감독 마틴 스코세이지의 전 부인이 쓴 책이죠. 일반인, 비전공자에게 도움이 되더라고요."

2011년 7월, 줄리아 캐머런의 책 《아티스트 웨이》를 추천하는 댓글이 내 블로그에 올라왔다. (당시 나는 《오마이뉴스》 시민기자이자 오마이블로거로 글을 썼다. 오마이블로그는 2018년 말 서비스를 중단했다.) 출간 8년 만에 9쇄를 찍은 베스트셀러였다(아, 작가로서 부럽다). 곧바로 도서관에서 대출해 읽고, 사서 밑줄 쳐 가며 또 읽었다. 그건 책이 말한 동시성의 경험(사건들이 우연히 맞물려 일어나는 경험)이었다.

내게 필요한 용기, 듣고 싶은 말, 내 고민과 통찰을 책에서 그대로 만날 수 있었다.

소설가, 시인, 영화감독, 작곡가, 저널리스트인 줄리아 캐머런은 다방면의 예술가이자 30년 넘게 아티스트 웨이 창조성 워크숍을 진행한 강연자다. 마틴 스코세이지와 결혼해 〈뉴욕 뉴욕〉, 〈택시 드라이버〉 각본을 공동 집필한 후 이혼했다. 우울증과 알코올 중독을 극복하는 과정에서 '사람의 가장 중요한 정체성은 아티스트'라는 깨달음을 얻었다고 한다. 《아티스트 웨이》가 세계적인 인기를 끌며 '변화의 여왕'이라 불리는 그는 영화 〈신의 뜻〉으로 런던 영화제에서 감독상도 받았다.

나는 예술가다

"당신의 작품이나 자신을 쉽게 재단하지 마라."

"예술을 만들면서 우리는 무엇보다도 창조주의 손과 만나게 된다."

"창조성은 인간의 자연스러운 본성이다."

처음부터 끝까지 나를 응원하는 목소리였다. 창조성과 창조주 그리고 예술가는 하프 타임에 필요한 언어 꾸러미였다. 내 안에 있는 어린 아티스트와 만날 수 있었다. 여리고 상처받기 쉽고 무시당하기 쉬운 예술성, 응석 부릴 기회조차 얻지 못한 어린 예술가를 어떻게 지지할 것인가. 예술은 그래서 영적인 행위였다. 인간의 이성과 지성이 닿을 수 없는 그곳에서 창조주와 만나는 거룩한 행위로 나는 예술가로서의 정체성을 찾았다. 크리스천, 목자, 사모, 사회복지사, 엄마 등 이전의 어떤 정체성보다 나는 예술가 정체성이 좋았다.

나는 더 용감하게 나 자신을 예술가로 여겼다. 내 속에 있는 창조주의 창조성이 이끌 것을 믿었단 말이다. 어린 예술가를 살리고 창조성을 발휘하게 하는 힘은 창조주를 믿는 믿음과 닿아 있다. 나는 자신을 열어 어린 예술가가 뛰노는 모습을 지켜보기로 했다. 그건 나 같은 어린 예술가들을 응원하는 연대요 기도이기도 했다.

《아티스트 웨이》 덕분에 나는 고단한 일상에서 나만의 예술 행위를 계속할 수 있었다. '모닝 페이지'를 썼고 나만의 '아티스트 데이트'를 사랑하게 되었다. 아티스트 웨이는 개고생의 길이었지만 나를 더 넓고 깊은 영적 세계로 이끌어 주었다.

꿈을 좇으면 거룩함에 다가간다

모닝 페이지란 매일 아침 의식의 흐름을 따라 세 쪽가량 글을 쓰는 것이다. 잘 쓰고 못 쓰고를 떠나 한 페이지에서 다음 페이지로 써내려 가며 움직이는 손동작을 뜻한다. 아주 사소하거나 바보 같고 엉뚱한 내용이라도 무엇이든 쓰는 것. 나와 창조성 사이에 있는 글쓰기다. 쓰는 이유는 '다른 한쪽 면에 이르기 위해서'다. 글을 쓰며 나는 이해할 수 있었다. 내 안에 있는 두려움과 부정적 사고를 넘어 다른 통찰에 가 닿을 수 있었다. 일단 쓰면 나를 공격하는 비판적 목소리를 이길 수 있었다. 나를 들여다보는 글쓰기가 어린 예술가를 자유롭게 뛰놀게 했다.

또 네 인의 어린 예술가와 '아티스트 데이트'를 즐겼다. 나만의 시간, 내 안의 목소리에 더 귀를 기울이고 나만의 통찰력과 영감을 소중하게 여기게 되었다. 매주 두 시간가량을 나의 창조적인 의식과 내면의 예술가에게 할애하려 노력했다. 내가 좋아하는 방식으로 창조성이라는 어린아이와 놀았다. 산책하고 운동하며, 미술관과 영화관에서, 이 아이하고 단둘이 지내는 시간이 즐거웠다.

자신을 예술가라 여기니 내 안의 어린 예술가를 사랑할

수 있었다. 무엇이든 직접 보고, 듣고, 냄새 맡고, 맛보고, 건드려 보는 걸 즐기게 되었다. 의무가 아니라 재미와 호기심에 이끌리도록 나를 놓아 주었다.

창조성의 10가지 원칙 중 5번과 10번이 인상적이었다.

"창조성은 신이 우리에게 주신 선물이다. 창조성을 사용하는 것이 신에 대한 답례이다."

"창조적인 꿈과 열망은 성스러운 원천에서 나온다. 꿈을 좇으면 거룩함에 다가갈 수 있다."

놀랍지 않은가. 자유로운 예술가의 길은 하나님과 더 깊이 연결되는 길이었다.

작가의 길, 개고생의 길

"나는 왜 이렇게 사서 개고생을 할까?"

세 번째 소설 수업을 하고 분당에서 돌아오는 버스 안에서 내내 생각했다. 막차를 타려면 밤 10시 10분 전에는 자리를 떠야 하는데 합평은 끝날 줄 몰랐다. 혼자 부스럭대며 나와 달리자니 아이들 말로 '개고생'이었다. 내가 쓴 글이 그렇게 형편없다니, 몸과 마음이 더 피곤했다. 간신히 안산행 막차에 앉았다.

"엄마, 은석이랑 민우 우리 집에서 같이 자도 되지?"

중2 막내가 보낸 문자였다. 보낸 시각이 9시 59분. 진작 얘기해야지 지금 이러면 어쩌란 말이냐. 바로 전화를 걸었다.

"안 돼. 왜 미리 말 안 했어. 지금 가서 너희들 챙기고 아침 준비하기엔 엄마가 너무 피곤해. 시간도 너무 늦고 말이야. 맨날 보는 친구들이니 다시 날 잡아. 알았지?"

미안하다면서도 유쾌하게 우기는 녀석 목소리에 곁에서 거드는 두 친구 목소리도 섞여 있었다. 하지만 나는 단호한 엄마, 양보할 수 없었다.

"지금 가면 엄마 너무 늦잖아. 오늘은 안 돼. 아빠 있는 날 다시 잡아 봐."

"아빠 없는 날이니까 그러는 건데? 재밌잖아. 그냥 우리가 알아서 할게. 엄마는 신경 안 써도 돼."

"야, 말이 되냐. 엄마가 아들 친구들 아침도 안 주고 어떻게 출근하냐. 어서 애들 돌려보내."

가뜩이나 아빠까지 3박 4일 출타 중이라 내가 더 피곤한 줄 모르는 아이였다. 아무도 없는 집에 막내를 방치해서 괴로운 엄마 마음을 알 턱이 없지. 그래도 매몰차게 거절한 게 마음에 걸렸다. 에잇, 다른 날 잘해 주지 뭐.

나도 모르게 잠들었다가 상록수란 소리에 벌떡 깼다.

"엄마 친구들이 아침은 안 먹어도 된대. 아침에 엄마 출근하고 나면 우리가 알아서 할게."

잠든 사이에 문자가 또 와 있었다. 질긴 놈들! 두 손 두 발 다 들었다. 다시 우기기엔 너무 늦은 밤이었다. 약한 게 엄마 마음, 손님 대접 모드로 빨리 기분을 전환해야 했다. 집 앞 가게에서 애들 좋아하는 것들 사 들고 낑낑대며 집에 왔다. 그런데 친구들은 보이지 않고 막내는 자고 있었다. 고3 누나가 10시 반에 왔을 때도 자고 있더란다. 녀석들, 미련이 남아 다시 문자는 보내 봤는데 엄마한테서 답은 안 오고… 삐진 게 틀림없다.

식탁 위엔 찐 감자가 말라비틀어지고 있고 싱크대엔 냄비며 그릇이 뒹굴고 있었다. 냉장고를 열어 보니 녀석들 먹으라고 만들어 놓고 간 음식들이 그냥 있었다. 난장판이 된 방에서 녀석이 자고 있었다.

"야! 라면 끓여 먹었으면 설거지도 했어야지!"

잠든 놈을 향해 앙칼지게 뱉어 보건만 힘없는 허공의 메아리였다. 나는 씻지도 않고 바로 노트북을 열었다. 밤

11시 40분. 숨을 고르며 스스로에게 물어보았다.

'도대체 나는 왜 이런 개고생을 사서 하고 다닐까?'

중국 속담이 생각났다. "호랑이에 관한 책 100권 읽은 사람보다 호랑이한테 한 번 물린 사람이 호랑이를 더 잘 안다." 첫 단편 과제를 쓰고 합평했을 때 딱 호랑이한테 물린 기분이었다. 그래도 호랑이는 모르겠는걸? 나는 정말로 글을 쓰고 싶은 걸까?

"오, 엄마 아직 안 잤네? 오늘 글쓰기 어땠어?"

대학생 큰놈이 들어오며 물었다. 아들의 관심에 나는 기분이 좋아졌다.

"니들 말루 개깨졌지."

"왜 엄마? 뭐랬길래?"

"그니까 뭘 얘기하고 싶은지 핵심을 모르겠다, 사실을 쓴다고 소설이 되는 게 아니다, 사실을 가져와서 주제를 중심으로 편집해야 한다, 많이 썼지만 주제의 구체성이 없다, 독자가 이 인물을 이해하겠냐…. 한마디로 엄마 글이 개쓰레기라는 소리였어."

"와, 대단했네."

"그렇지? 그래서 개빡치고 개유익했어."

예수, 종교를 비판하다, 결혼을 흔들다

"종교에 넌더리가 난다고? 예수도 그랬다!"

책 뒤표지 카피가 눈길을 사로잡았다. 그 밑으로 이어지는 질문도 그랬다.

"나사렛 예수는 반종교적인 선동가인가? 그가 전하고자 한 말은 우리가 믿고 있는 것보다 급진적인 내용인가? 기독교는 핵심을 놓치고 있는가?"

브룩시 카베이의 《예수, 종교를 비판하다》는 덕이 골라서 함께 읽은 우리의 인생 책이다. 저자는 자신이 던진 질문에 모두 그렇다고 답한다. "제도적 종교를 뒤엎는 예수의 영성과의 마주침"이란 부제는 나를 부르는 예수의 초대장이었다.

종교냐 예수 영성이냐

길어야 5년이면 하프 타임이 끝나고 새로운 후반전이

시작되리라는 기대는 커다란 오산이었다. 새천년이 10년이 지나도록 내 삶은 '흔들리는 갈대'일 뿐 새로운 성과는 없었다. 세 아이의 엄마, 미자립 가정교회 사모, 사회복지사로 주말도 없이 바빴지만 나는 계속 읽고 쓰는 예술가였다. 끊임없는 질문과 회의와 흔들림이 있었다. 판이 흔들리는 세월이었다.

기성 종교 비판이야 선교 단체에서 귀가 닳도록 들었다. "기독교는 종교가 아니라 신앙"이라며 종교 생활 하지 말고 믿음으로 살라는 단체였으니까. 그러나 과연 그곳에서 배운 게 '더 순수한 신앙'이었을까? 나는 종교가 아닌 예수의 영성을 배우고 따랐을까? 내 삶은 제대로 된 기초 위에 서 있었을까?

시공간의 거리가 확보될수록 당연하다고 믿던 게 낯설게 보였다. 종교라고 하면 성경에 나오는 유대교 바리새인들만 해당되는 줄 알았다. 종교 전통과 율법에 갇혀 예수를 죽인 그들과 오늘의 기독교는 다르다고 믿고 싶었을 것이다. 단체의 규칙과 조직 논리에 충성하고 권력과 사람을 믿고 의지했음에도 내가 그들과 닮은 걸 몰랐으니까. 책 덕분에 나는 제도로서의 기독교가 아닌 예수 영성에 눈을 뜨게 되었다.

"제도적인 종교를 통하지 않고 하나님을 알 수 있다. 그 열쇠는 예수다."

"예수의 주된 사명은 종교를 부수어 버리고, 대신 그 자리에 인간의 모습을 하고 인간의 상황 속으로 온 거룩한 존재인 자기 자신을 놓는 것이다."

"성경은 종교 제도에 중독된 노예 상태로부터 우리를 벗어나게 해 줄 단서를 간직하고 있다. 동시에 성스러운 존재와 직접 결합할 것을 권하고 있다."

파란색 장미의 화요일

흔들린 건 종교만이 아니었다. 서너 가정이 우리 집에 모여 가정교회 '대안 공동체'로 교제하던 때였다. 덕이 하는 설교 말고는 형식이라 할 것도 없고 규칙도 없었다. 그럼에도 나를 둘러싼 모든 게 답답해 보이곤 했다. 쥐꼬리 월급 받으며 종종대는 자신이 노예처럼 보였다. 덕과 말이 안 통한다는 느낌이 가장 큰 괴로움이었다.

《예수, 종교를 비판하다》 3장에 딱 우리 이야기가 있었다. 종교와 예수 영성을 비교하는 '파란색 장미의 화요일'

이란 비유였다. 등장인물 이름을 숙과 덕으로 바꿔 보았다.

숙과 덕은 결혼한 지 몇 년 된 부부다. 안정된 결혼 생활이지만 열정과 로맨스가 빠진 생활이었다. 반복된 일상과 틀에 박힌 애정 고백에 숙이 만족하지 못한다는 걸 덕은 알고 있었다. 변화의 시도가 필요했다. 어느 화요일 저녁 6시 이들의 집에 보모가 왔다. "덕이 오라고 했어요." 처음 있는 서프라이즈였다. 덕은 보모에게 아이들을 보게 하고 숙이 외출 준비를 하게 했다. 몇 분 후 숙덕은 멋지게 차려입고 차를 타고 이탈리아 식당에 갔다. 촛불이 켜진 예약석에 앉아 두 사람은 포도주를 마시며 낭만적인 대화 속에 저녁 식사를 했다. 덕이 준비한 카드와 파란색 장미를 내밀었을 때 숙은 감동의 눈물을 흘렸다. 두 사람은 가장 멋진 한 주를 보냈다.

다음 주 화요일 저녁 정확히 같은 시간에 다시 보모가 왔다. 숙덕은 같은 옷을 입고 같은 식당에서 같은 저녁을 먹었다. 같은 카드와 파란색 장미가 이상했지만, 두 주 연속이라니! 숙은 덕의 노력에 감동했다. 한 주 후 파란색 장미의 화요일이 다시 반복됐다. 숙이 새로운 이야기를 하려 할 때마다 덕은 지난주와 같은 주제, 같은 질문과 농담으로 돌아갔다. 숙은 결국 다른 이유로 눈물을 흘리고 말았다.

파란색 장미의 화요일, 얼마나 로맨틱한가. 그러나 섬뜩한 비유 속에 종교와 영성의 차이가 보였다. 비유 속의 덕이 관계를 위해 노력하긴 했다. 형식에 불과한 것을 본질로 잘못 이해했고 관계를 종교로 바꾼 게 문제였다. 누구와도 할 수 있는 데이트가 되었고, 마음을 몰라도 사랑이 없어도 움직이는 자동장치가 되어 버렸다.

숙덕 부부의 현주소처럼 보였다. 그를 사랑하며 받들고 산 20년 부부 생활이 '종교'로 설명되다니. 좋은 아내, 좋은 남편이란 환상이 파란색 장미의 화요일일 수 있었다. 나는 사납게 화내지 않고 부드럽게 질문하고 대화하는 아내로 살았다. 나와 말이 안 통해도 덕은 늘 '좋은 남편' 소리를 들었다. 설교 준비하는 그를 위해 나는 스스로를 검열했고 주일이 오기 전에 회개했다. 못다 한 말이 가슴에 와글거리면 출근해서 친절한 메일을 보냈다. 본질을 종교로 바꿔 사는 줄 모르고 불평불만만 늘어놓는 자신을 탓하면서. 반면 덕은 나만큼 흔들리지 않았다. 내 마음에 무슨 변화가 일어나는지 그는 잘 알지 못했다.

이후 숙덕의 결혼 생활은 격변의 시기를 맞이한다. 그 이야기는 2022년 출간한 《내 몸은 내가 접수한다》에 생생하게 담았다. 혁명 전야까지는 예쁘고 부드러운 말로 하는 최선의 종교 생활이 계속되었다.

숙덕숙덕 이메일 부부 싸움

숙이 덕에게

당신은 알까요? 지금 아내가 며칠째 사랑받지 못하는 기분에 빠져 있다는 것을. 제법 오래 서먹한데도 역시 당신은 변함없이 침묵하는 바위죠. 내버려두면 기분 풀리겠지, 삐지는 사람 상대할 필요 없다는 태도로 일관하죠. 정보를 주고받는 이야기는 하지만 우리 관계에 대한 깊은 대화는 한마디 없이 결국 어제도 잠들더군요. 그만큼 당신께 나는 별 볼 일 없는 존재더군요.

나라는 존재가 처음부터 참 기능적인 역할로 묶여 있다는 회의가 들었어요. 죽을병이 들지 않는 한 변함없이 출근하고 퇴근하고 밥하고 애들 가르치고 무조건 감사하며 모든 일을 불평 없이 잘하는 역할. 하하 호호 애들하고 웃고, 주말에도 집안일, 주일에도 밥.

그렇게 살 수밖에 없는데 불평한다고 뭐가 나오겠어요. 어림없죠. 습관적으로 변덕 부리는 여자니까 깊이 상대할 필요가 없다는 그 태도. 20년간 변함없어서 정말 실망스러워요. 애들이 삐져도 왜 그러냐 묻고 들어 보는 게 인지상정인데, 한 번쯤 물어볼 수도 있지 않나요?

내가 또 뭘 놓쳤냐, 무엇에 마음이 상했냐, 당신한테 한 번도 들어 본 적이 없어요. 직장 일이 요즘 스트레스가 많냐, 고민이 있는 거냐, 기분이 안 좋냐, 갱년기 증상이냐, 어디 아프냐… 이 정도는 사랑 표현으로 질문할 수 있는 거 아닌가요? 우리는 도대체 무슨 관계일까요?

잠자리도 그래요. 말초를 건드리면 반사적으로 반응하는 기계도 아닌데, 나라는 인간에 대한 관심과 열정은 전혀 보이지 않는데, 나는 당신이 낯설기만 한데, 아무 말도 로맨틱한 분위기도 없는데, 기분이 안 동하는 딱딱한 마음인데, 그냥 슬그머니 건드리면 확 기분 풀고 달아올라 주길 바라는 듯이 다가왔다가 눈치 보며 조용히 물러나는 태도. 사랑을 위해 분위기를 바꾸고 열의를 쏟을 가치가 없는 거겠죠. 차라리 잘됐다고 생각하는지도 모르죠.

지난 주일 예배 후 은아의 투정을 들으며 당신 아내가 살짝 외로움을 느꼈다는 거 알까요? 젊은 부부가 문득 살아 있어 보여 부러웠어요. 포기를 배우지 않은 은아가 젊고 아리따워 보였고요. 당신에게 나는 어떤 존재인지 묻고 싶더군요. 아내의 짜증에 수세에 몰려도 천호는 말로 잘 수습하더군요. 아내와 끝까지 씨름하는 그가 참 멋있어 보였어요. 나는 그런 원색적인 싸움을 오래 포기하고 살고 있다는 거, 당신은 아나요?

그 부부처럼 대화하고 싸워 보고 싶고 말고요. 둘만의 시간을 내자, 분위기 내고 대화하자, 비싼 거 사 달라, 좋은 거 먹자, 이런 요구가 입 밖으로 도저히 안 나와요. 하면 당신만 더 힘들게 하고 나는 얻는 것 없이 허탈하게 실망할 게 무섭거든요. 내가 입 다물고 있으면 당신은 만사 오케이라고 생각하는 듯해요. 말을 안 할수록 실은 내 속에 뭔가 계속 쌓여 가고 있음을, 이 답답하고 갇힌 기분을 당신은 상상이나 할까요?

당신은 그러겠지요. 마찬가지 기분이었다고. 신혼 때

폴란드에서 그렇게 확인했더랬죠. 아내가 삐지면 남편도 버림받은 기분이라고. 무가치하고 사랑받지 못하는 기분이라고. 무능하고 한심한 남편이 되는 기분, 무시당하는 기분, 그걸 어쩔 줄 몰라서 그랬다고, 또 그러겠지요. 늘 닭이 먼저냐 달걀이 먼저냐 하는 문제더군요. 그러니 남편이 그런 기분을 느끼도록 만든 못된 아내가 먼저 회개하고 마음을 풀어야 맞겠지요. 주일이 오기 전에, 늘 그랬듯이요.

그런 식으로 계속 살아 보자고요. 무엇이 기다리는지가 보자고요.

덕이 숙에게

당신이 기대하는 만큼은 아닐지 몰라도 알아요. 당신이 사랑받지 못하는 기분에 빠져 있다는 것을 말이죠. '내버려두면 풀리겠지. 삐지는 사람 상대할 필요 없다.' 그건 아니에요. 별 볼 일 없는 존재라는 느낌, 나에게 귀한 당신이지만 당신이 느끼는 그 느낌도 이해할 수 있습니다. 당신이 분명 신호를 보내고 브레이크를 밟았는데 잠들어 버리는 날 보고 얼마나 허망하고 황당했을까요.

난 왜 이리 옹졸하고 비겁할까요. 좋은 감정이든 불편한 감정이든 감정을 나누는 게 참 어렵구나, 절감합니다. 아내로 엄마로 직장인으로 사모로, 누가 보기에도 근사한 당신입니다. 남편이 자랑할 수 있고, 아이들이 자랑할 수 있고, 직장 상사가 자랑할 수 있고, 교회 성도들이 자랑할 수 있는 사람입니다.

그러나 무엇보다 당신은 여자이고, 여자로서의 당신을 알아줄 사람은 세상천지에 내가 유일한데, 나뿐인데, 내 여자의 마음을 그토록 황폐하게 방치한 건 전적으로 내 잘못입니다. 직장 일이든, 호르몬이든, 그냥 기분이든, 그 무엇이든 마음대로 털어놓기 부담스러운 남자. 그렇다고 먼저 물어봐 주지도 않는 남자. 잠자리도 그런 차원의 연장이고요.

다른 남편, 다른 아내 이야기하는 건 무섭고 위험한 것인데, 그럼에도 하는 건 그만큼 당신은 여자이고 여자로서 행복하고 싶다는 마음인 줄 압니다. 물론 당신이 여자이고 싶은 만큼 나도 남자이고 싶지요. 당신과 나, 한 여자와 한 남자로서 하늘 가는 그날까지 잘 살아 봅시다. 지금 드러난 게 변명할 수 없는 나의 모습이지만, 좀 더 열심히 한 여자의 남자로 살아 보도록 노력하겠습니다. 여보, 사랑해요.

2011년 1월 27일

그 사람 다시는 우리 집에 못 오게 해!

제인 캠피언 감독의 〈피아노〉는 내 인생 영화다. 이 영화가 1993년 칸 영화제에서 황금종려상과 여우주연상을 거머쥐었을 당시에는 모르고 살았다. 폴란드에서 두 아이를 연년생으로 낳고 기르느라 영화와는 담쌓고 사느라 그랬다. 하프 타임은 좋은 책과 영화를 꾸러미로 내게 선물해 주었다. 어쩌다 이제야 보나 아쉬워하며, 이제라도 봐서 다행이라며 몇 번을 보았다.

주인공 에이다 때문이었다. 여섯 살 때부터 말 못 하게 된 여자의 '선택적 침묵'이 너무 인상적이었다. 영화는 에이다의 과거 사연을 보여 주지 않았지만 나는 바로 알아챌 수 있었다. 무엇이 이 여자의 입을 막아 버렸는지를. 딸 하나 데리고 모르는 남자와 결혼하러 바다 건너온 에이다. 피아노를 버리게 한 남편에게 결코 마음을 열지 않는 에이다. 결국 다른 남자에게 가는 에이다. 다 내 이야기 같았다.

말 잘하는 내가 침묵 속에 살았다면 누가 믿을까. 그때부터 '침묵'은 나를 이해하는 새 열쇳말이 되었다. 나는 미치도록 말하고 싶었다. 죽기 전에 가슴에 쌓인 것들을 풀어내고 싶었다. 나를 눌러 침묵하게 하는 어두운 그림자에 눈을 떠 갔다. 남편이든 하나님의 대리자든 자식이든 내 입을 막는 것들을 나도 에이다처럼 떠날 수 있을 것 같았다.

나도 내 의견을 말하고 싶다

닥치는 대로 읽다 보니 페미니즘 책도 손에 들어왔다. 《여성신문》은 책을 소개해 주기도 했지만 원고료를 책으로 주기도 했다. 그렇게 만난 책 중에 《아주 작은 차이》, 《착한 여자 컴플렉스》, 《한국에는 남자들만 산다》, 《여성과 광기》 등이 있었다. 나는 비밀 공부라도 하듯 혼자 페미니즘 책을 읽었다. 교회에서 믿음 없는 '미친년'으로 보일까 불안해서였다.

덕이 《여성신문》을 썩 달가워하지 않는다는 점은 알고 있었다. 《여성신문》을 궁금해하거나 읽지는 않으면서 여성운동과 페미니스트를 싸잡아 비난했다. 나는 그의 눈밖에 날까 조심했다. 그와 이런 주제로 언쟁할 자신도 없고 불화하게 될까 두려웠다. 함께 읽자고 설득할 만큼 내가 확신하는 것도 아니었다. 그래서 말을 삼키고 침묵하곤 했다. 대신 도서관이나 카페에서 혼자 페미니즘 책을 읽었다.

《한국에는 남자들만 산다》를 쓴 고은광순은 군사독재와 맞서 데모하다 구속과 제적을 두 번이나 당하고 한의사가 된 아줌마다. 호주제의 폐해를 공론화하고 여성의 삶을 변화시키려 계속 글과 말로 싸우는 게 멋있게 보였다. 저자가 시어머니를 언급하는 문장에 '침묵'이란 단어가 나왔다. "시어머니는 모든 분노, 모든 욕망, 모든 슬픔, 모든 외로움을 그 침묵 속에 꽁꽁 끌어안아 담으셨다." 내가 바로 그런 여자로 살고 있음을 어렴풋이 보게 되었다. 남녀 사이, 부모 자식 사이, 집단 구성원 사이는 모두 평등하게 변해야 소통도 되고 사랑도 가능하다는 저자에게 나는 공감했다.

더 놀라운 건 감사의 말에 나오는 "치고 빠지지 못하고 치고 치고 또 친다고 눈을 흘기면서도 나를 항상 지지해 주는 나의 남편"이라는 대목이었다. 페미니스트 아내를 항상 지지해 주는 남편이라니, 나는 형광펜으로 진하게 밑줄을 쳤다. 저자가 참 부러웠다. 생각해 보니 전에도 그랬고 지금도 덕은 결코 나를 전적으로 지지해 주는 사람이 아니었다. 그가 과연 나를 항상 지지해 주는 날이 올까? 페미니즘도 같이 공부하며 공감하는 남편이 될 수 있을까? 내가 그에게 내 의견을 솔직하게 말할 수 있을까?

《여성과 광기》가 던지는 질문은 더 충격적이었다. 그 여자들은 정말 미쳤는가? 과연 누구의 관점에서 볼 때 미쳤는가? 미쳤다면 왜 미쳤는가? 정상과 비정상을 판단하는 자들은 누구인가? 그들에 대한 정신과 치료는 어떻게 행해졌는가? 세상이 '미친년'이라고 손가락질하는 여자들이 내 눈에 들어왔다. 그건 묘한 감정이입이었다. 내가 누구 기준에 맞춰 침묵하는지도 알 것 같았다. 나도 '미친년'이 될 수 있겠구나 예감했다.

시건방지게 그런 걸 묻냐고?

내가 미친년 취급받는 날은 생각보다 빨리 왔다. 우리가 폴란드에서 한국으로 돌아오게 된 배경에는 C와 관련된 '사건'이 있었다. 1990년대는 공산권 선교 열풍 속에 국내 지부마다 경쟁적으로 선교사를 파송하던 때였다. 우리를 파송한 지부의 담임이던 C는 중국을 자주 오갔는데, 중국에서 성 비위가 불거졌다. C는 국내 담임직에서 해임되고, 지부는 풍비박산 났다.

나는 한국에 돌아온 뒤에도 단체를 떠난 뒤에도 이 사건에 대해 잘 알지 못했다. 소문만으로 다 알 수 없기도 했지만 누군가를 단죄하기가 조심스러워서였다. 그 사건 직후 중국에 머물던 C는 어느 날 한국에 돌아왔고, 요한복음 8장의 여자처럼 종교 권력 싸움의 희생양이 되었다고 주장하며 단체에 나타났다. 그가 담임을 맡던 시절에 함께했던 '양'들을 만나 영향력을 행사했다. 그 가운데는 우리 가정도 있었다. 우리가 단체를 떠난 뒤에도 그는 우리 집에 왔고 여전히 '목자'인 양 행세했다.

언제부터인가 C를 보면 마음이 불편했다. 그가 덕을 중국으로 초대해 함께 여행하고 돌아왔을 때도 마음이 편치 않았다. 덕을 '말 잘 듣는' 제자 취급하는 게 싫었다. 나를 볼 때마다 늘어놓는 조언이 점점 귀에 거슬렸다.

"사모가 깨어 기도하고 섬겨야 교회가 서는 거야."
"다른 사모는 직장 다니면서도 양들을 아주 잘 돕더라."
"개척 교회가 성장하자면 사모 역할이 제일 중요해."
"성공하는 목회자에겐 헌신하는 사모가 있지."

어지간하면 침묵하며 듣던 내가 변해 가고 있었다. C가 다녀가고 나면 밤에 잠이 잘 안 왔다. 도대체 나는 왜 그가 불편할까? 혹시 내가 그를 도덕적으로 단죄하나? 자신을 검열하면서도 또 다른 마음의 소리를 들었다. 도대체 여기서 뭘 얼마나 더 잘해야 저런 소리를 안 듣고 살 수 있을까? 진에 해 본 적 없는 질문이다.

C가 안산에 와서 우리 부부와 함께 저녁을 먹은 날이었다. 나는 퇴근 후 피곤한 몸을 이끌고 아이들을 데리고 저녁 식사 자리에 나갔다. 그날따라 진심으로 밥맛도 없었다. 그가 장황하게 하는 이야기가 귀에 들어오지 않았다. 어서 끝나고 집에 가고 싶은데 덕은 듣고만 있었다. 내가 끼어들어 질문했다.

"죄송한데요, 1995년에 대체 무슨 일이 있었던 거예요?

저희가 폴란드에 뼈를 묻겠다며 파송됐잖아요. 그런데 저희를 불러들일 정도로 심각한 일이 뭐였어요? 직접 들은 게 아무것도 없어요. 소문만으로 판단하고 싶지 않아요. 목자님께 무슨 일이 있었는지 솔직하게 말씀해 주시면 좋겠어요."

C가 당황하는 얼굴로 나를 바라보았다. 나는 다시 한번 물었다.

"저희를 동역자로 생각하신다면 간단하게라도 말씀해 주세요. 도대체 무슨 일이 일어난 거예요?"

C가 가소롭다는 표정으로 나를 바라보며 말했다.

"시건방지게 나한테 그런 걸 물어보는 거야? 그걸 질문이라고 해?"

나를 딱 '미친년' 취급하는 표정이었고 태도였다. 그러거나 말거나 나는 다시 말했다. 동역자로서 직접 듣고 싶었다고. 그는 어이없다는 표정으로 또다시 나더러 시건방지다고 했다. 나는 입을 다물고 마음을 닫았다. 더 이상 대화할 가치가 없었다.

그날 밤 나는 스스로에게 다시 물었다. 대체 뭘 얼마나 더 잘해야 해? 나는 더 이상 C를 견딜 수 없었다. 그의 목소리도 듣고 싶지 않았다. 진짜 시건방진 사람은 C였다. 내가 어떤 어려움을 헤쳐 가고 있는지, 무슨 생각을 하는지 하나도 관심 없으면서 나한테 이래라저래라 하다니 용납할 수 없었다. 나는 덕에게 분명히 못 박았다.

"그 사람 다시는 우리 집에 오지 못하게 해! 더는 아니야."

51세 아줌마의 일기장 훔쳐보기

2013년 2월 20일 수요일

두 아들만 2박 3일 제주도 여행을 보냈다. 막내의 열다섯 번째 생일 축하 섬 중학교 졸업 선물 이벤트에 입대를 앞둔 큰아들을 붙여 보냈다. 막내 몫의 항공료와 숙박비, 용돈 다 해서 34만 원만 내가 대고 큰놈은 본인 용돈으로 쓰게 했다. 두 형제만 가는 첫 여행인데 두둑하게 노자를 챙겨 주면 좋겠지만, 이게 돈 없는 숙덕이 사는 방식인 걸 어쩌겠나.

막내는 태어나서 비행기를 처음 타 본다. 덕은 적당히 무딘 사람이라 그게 뭐 대수냐 하지만 나는 아니다. 아이들이 성장 과정에서 그때그때 경험하고 느낄 기회를 못 가지는 게 결핍 아니겠나. 모든 걸 다 줄 수는 없지만 기본적인 욕구의 충족은 중요하다고 본다. 감수성과 유머 감각이 있고 순수하고 활기찬 아이에게 비행기를 못 태워 준 게 늘 마음에 걸렸더랬다. 이벤트에 당첨되지 않아서 과감하게 돈을 썼다. 잘한 결정이었다.

2013년 3월 5일 화요일

심란한 3월의 시작이었다. 그저께 덕과 주고받은 대화의 여운으로 어제도 문자를 많이 주고받았다. 우리 가정에 새로운 구조조정이 시작되었다. 큰아들은 군인, 딸은 대학생, 막내는 고등학생이 되었다. 돌볼 아이가 없어졌다. 4월부터 덕이 아는 사람과 노동하러 간다고 했다. 참 이상한 내 마음. 덕의 말을 듣는데 가슴이 알 수 없이 쿵 했다. 아, 이제 목사 남편이 투잡으로 돈 벌러 나가는구나. 신나고 좋은 게 아니라 마음이 복잡했다. 생계형 직장 싫다, 대안을 찾자, 10년을 씨름했는데, 입 밖으로 낸 첫마디는 복잡한 소리였다.

"당신을 돈벌이로 내몬 거 같아 가슴이 철렁하네요."

이게 뭐지? 나도 내 마음을 모르겠는데 덕이 알아주길 기대하는 건 무리였다. 그는 누운 채 반응이 없었다. 어려운 주제 앞에서 늘 하던 태도였다. 나는 기다리다 결국 잠들었고 또 출근했다. 못다 한 대화는 낮에 문자로 이어졌다.

숙: 어젯밤 당신 돈벌이하도록 내몬 기분이라 말했을 때 부정도 긍정도 안 하던데, 당신 생각 더 듣고 싶어.
덕: 당신이 나를 내몬 거 같은 느낌이라니 난 당황스러웠지. 그게 아닌데. 아내가 남편 돈 벌어 오라 하는 게 잘못도 아닌데 당신이 그러면 내가 너무 무안하지. 막돌 고딩, 큰돌 군대, 이 타이밍에 감당할 만큼 하는 거지. 속을 다 꺼내는 게 시원하면 그렇게 하겠지만.
숙: 알겠습니다! 남편 닦달하지 말고 알아서 해석하란 소리로 알겠습니다. 내 운명이고 팔자인 듯. 당신과 맘이 통하지 않으면 당신 일해도 내 맘은 또 불편할 듯. 손가락 빨아도 목사 남편 사명에 더 충실하도록 보호하고 내가 생계 맡는 게 욕 안 먹는 길이니까.
덕: 기대하고 좋아하기보다 나를 내몬 것 같아 철렁했다는 말에 당황했지. 너무 철저히 자기 점검하는 듯. 뭇

아지매들처럼 좋아하고 기대하는 게 우리가 살길 아닐까?

숙: 그러게. 나도 그런 기분이 들 줄 몰랐으니 어째요. 내 맘 표현한 게 실수? 그런 기분일 수 있구나, 맘이 복잡하구나, 아내를 이해해 보려 할 순 없고?

덕: 아니, 실수 아니고 당신 맘이 그 정도구나 생각하다 방황해 버렸지.

숙: 미자립 교회 목사 사모란 조선 시대 선비 마누라하고 비슷한 듯. 이래저래 혼자 삭이도록 길들거든. 볶아도 대답 없는 메아리니까. 막상 돈 벌러 나간다니 부덕한 마누라 된 불편함이 덮치더라고.

덕: 부덕하다 당신 욕할 놈 없고, 당신은 조선 여인 같을지 몰라도 난 선비같이 기고만장하지도 않고. 혹시 C는 당신 욕할지도ㅎㅎ 오랫동안 홀로 짐 지게 해서 미안하고. 복잡하고 섬세한 당신을 사랑해요.

숙: 이 한마디 듣자고 참 길게 했네. 수백 번 들으면 그놈의 사랑 조금 믿어지려나 몰라. 들입다 볶이는 덴 이골이 나서 별로 기분 꿀꿀하지 않겠죠 당신은.

덕: 늘 처음처럼 긴장 만땅이지. 도서관에서 책 좀 고르는 중.

2013년 5월 6일 월요일

"김 샘 남편은 뭐 하는 분이세요?"

시청 직원 10명과 함께 원주에서 1박 2일 교육 중이다. 저녁 식사 후 이 팀장이 내게 물었다. 내가 가장 싫어하는 질문이었지만 0.1초 고민하곤 답했다.

"제 남편요? 음, 간단히 소개하면 지지리 미자립 교회 목사예요."

깔끔한 대답이었다. 이 팀장이 기다렸다는 듯 반색했다.

"어머, 그래요? 미자립 교회면 고생이 많으시겠어요."

익숙하게 듣는 '고생'이란 말. 예상한 반응에 예상한 질문이 다시 이어졌다.

"그럼 성도가 몇 명이나 돼요? 애가 셋이니 정말 힘든 생활일 텐데…."

아니, 어쩌라고? 나한테 듣고 싶은 말이 뭔데? 공감인지 동정인지 아리송해 씩씩하게 말했다.

"맞아요. 고생 좀 하고 있겠죠? 성도요? 몇 명 안 된다고 하면 대답이 될까요?"

이 팀장이 이야기를 이어갔다.

"그렇군요. 저도 모태신앙이라 그래요. 교회 권사예요.

구역장이라서 목요일마다 구역을 섬기니 목요일에 교육 있으면 힘들어요. 주일학교 교사도 하니 주일은 교회에서 보내는 시간이 많죠."

나는 살짝 놀랐다. 교회 이야기가 너무 재미없어서였다. 교회에 충성하고 종교적 열심을 과시하는 사람 이야기는 정말이지 식상해 듣기 힘들었다. 그는 궁금하지도 않은 교회 자랑을 하다가 어느 주사님 아들이 목사라는 이야기로 넘어갔다. 목사 어머니답지 않은 행동이 어쩌고 저쩌고….

그러게, 그런 말 듣기 무서워서 내가 사모 아닌 척하지. 이제 날 두고 그럴 거잖아. 글쎄, 김화숙 샘이 목사 사모였대. 세상에 목사 사모가 그렇게 행동해? 어머 어머, 사모가 미쳤나 봐.

2013년 12월 30일 월요일
결국 기간제 통합사례관리사 계약 만료로 퇴사가 결정되었다. 무기계약직 전환은 알고 보니 희망 고문이었다. 담당 공무원 박 주사의 낯선 태도가 나를 더 기분 나쁘게 했다. 내가 너무 심기가 꼬였나 보다.

박: 샘, 나중에 제가 와 달라면 오실 거죠? 같이 일하자고 손 내밀면 오실 거죠?

나: 모르죠. 날 버린 시청에 내가 뭐가 좋다고 다시 와요.

박: 그러지 마시고요. 삼고초려를 해서 다시 모셔야지.

나: 입에 발린 말 하지 마요.

박: 샘은 정말 계속 같이 일했으면 좋겠는데. 상담 교수님도 그러셨잖아요. 해결 중심 상담 그거 깨닫는 게 너무나 빠르다 하셨어요. 몇 년 해도 못 알아듣는 사람들이 많대요.

나: 제가 말했잖아요. 사람들 섬기는 삶에 2퍼센트 부족하던 걸 해결 중심 상담이 채워줬다고요. 사람들의 고통을 제가 다 짊어지고 아파하는 삶에 한계를 절감했거든요. 해결 중심 상담 첫 강의에서 아! 바로 이거다, 가슴이 뻥 뚫리는 기분이었어요. 목회든 사례관리든 사람들을 보는 제 관점이 달라지는 계기였어요. 내가 책임지려 하지 않게 되었어요.

박: 교수님이 그러셨어요. 김화숙 선생님 놓치는 건 너무 아깝다며 실수하는 거라 했어요. 다시 신규로 기간제 뽑는 걸 이해할 수 없다고요.

나: 그러게요. 저도 아주 기분 나빠요. 우리나라의 민낯이고 사회복지 현실인 걸 어째요. 기간제가 뭔지, 비정규직이 뭔지, 차별이 뭔지 톡톡히 배웠어요. 눈을 뜨게 하는 수업료였나 봐요.

5장

2014~2024

후반전 작전명: 판을 엎어라!

하프 타임이 끝났다

"스워보 스타워 시에 치아웸Słowo stało się ciałem."

내가 좋아하는 폴란드 속담이다. 우리말로 "말이 육신이 되었다."라고 번역할 수 있는데, "말이 씨가 된다."라는 우리 속담처럼 말대로 되었다는 뜻이다. 과거형이니 이루어진 결과에 대해 긍정적, 부정적 의미로 다 쓸 수 있다.

성경에 이 속담과 토씨 하나 다르지 않은 문장이 있다. "말씀이 육신이 되어 우리 가운데 거하시매."(요한복음 1장 14절) 요한은 예수가 누구인지 소개하면서 말씀이 육신이 되어 우리 중에 살았다고 했다. 예수가 우리처럼 몸을 가진 사람으로 살았다는 진실을 이보다 더 멋지게 말할 방법을 나는 모르겠다.

말과 몸. 이건 평생의 화두였다. 내 말과 내 몸을 부정하고도 나란 사람을 말할 수 있을까? 나는 말하는 존재이자 몸으로 존재하기 때문이다. 내 말과 내 몸을 알고자 먼 길을 돌고 돌아 얼마나 헤맸던가. 사람에게 상처 주는 것도 말이었다. 나를 분노하게 하는 말도 있었고 살리고 눈 뜨게 하는 말도 있었다. 내 몸을 숨 막히게 하는 관계도 보았다. 나는 가슴속에 쌓인 말을 하고 싶었다. 내게는 말이 곧 육신이었다. 2014년이야말로 말이 육신이 된 해였다.

가만히 있으라?

50대의 내 몸은 안 아픈 데가 없었다. 허리와 목덜미, 어깨며 팔이고 아파 죽겠는데 병원은 원인도 치료 방법도 제시하지 못했다. 컴퓨터 앞에 오래 앉아 일하고 글 쓰며 무리해서 그런 줄 알았다. 할 말은 가슴에 쌓아 두고 몸은 혹사하는 게 일상이었으니까. 출근하고 퇴근하고 피곤에 절은 채로 일어나 일했다. 소화가 잘 안 되고 살도 빠졌지만 몸의 신호를 알아듣지 못했다.

그 봄에 세월호 참사가 터졌다. 제주도로 수학여행을 가던 안산 단원고 2학년 250명의 아이들을 포함한 승객 304명이 침몰하는 세월호와 함께 바다에 가라앉았다. 그 아이들 또래인 우리 막내는 안산의 다른 고등학교 2학년이었다. 믿기지 않았다. '전원 구조' 오보를 철석같이 믿었다. 아니, 믿고 싶었다. 공포 영화를 피하듯 나는 세월호를 현실로 마주할 자신이 없었다. 내 몸과 마음이 못 버티고 죽을 것처럼 힘들어서였다.

그 봄의 이름을 찾지 못한 채로 여름이 왔고 나는 간암 절제 수술을 받았다. 내 몸이 아우성치는 소리가 그제야 들렸다. 나는 의사와 병원 대신 사년 지유를 택했다. 뭘 알았다기보다는 살자니 내 몸을 따라야 했다. 차츰 내 눈이 뜨였다. 세월호는 돌발적인 교통사고가 아니라 우리 사회의 구조적인 적폐가 한꺼번에 터진 사건이었다. 내 간암도 오래 눌려 살던 B형 간염 보유자 몸이 더는 못 견디겠다고 아우성치는 폭발이었다.

세월호와 내 암에서 공통적인 문제는 "가만히 있으라."였다. 아이들에게는 가만히 있으라 하고 선장과 선원들은 가장 먼저 탈출해 버렸다. 진상 규명과 책임자 처벌을 부르짖는 부모들에게 국가는 갖은 모욕을 주며 가만히 있으라고 했다. 나는 어른이라 부끄러운데 세월호 아이들에게 그리고 부모들에게 감정이입을 했다. 의사가 내 질문을 묵살하고 가만히 있으라 했을 때 나는 심하게 분노했다. 더는 고분고분하지 않았다. "지시에 따르라.", "순종하라." 그런 말은 할 수도 견딜 수도 없게 되었다. 그러면 암이 재발할 거라고 내 몸이 소리쳤기 때문이다.

2014년은 내 삶을 그 이전과 이후로 나누는, 판을 엎는 변곡점이었다. 가만히 있으면 진짜 죽을 것 같아 말하기로 했다. 말하는 대로 몸을 움직이기 시작했다. 촛불 혁명에 매주 참여했다. 세월호를 더 이상 피하지 않고 기억 활동에 함께했다. 안산의 여성 단체에서 토론하고 데모하고 공개적으로 목소리를 냈다. 가만히 있지 않을수록 내 몸과 마음이 점점 더 건강해졌다. 말은 내 몸이었다.

그 후 어느 해 '미투'가 한창이던 3월 안산, 여성의 날 기념집회에서 나는 다음과 같이 공개 발언을 했다.

가만히 있지 말고 욕을 하세요!

여러분, '여자는 남자를 돕는 배필'이란 말 들어 보셨죠? "창조할 때부터 하나님이 남자를 도우라고 여자를 지으신 거야. 이게 여자의 정체성이야." 저는 결혼할 때 "남편을 사랑하고 잘 돕고 순종하겠습니다."라고 서약했어요. 목사 아내라고 "남편을 잘 동역하고 순종하겠습니다."라며 사모 선서라는 것도 했어요. 이게 제 손발을 묶고 입에 재갈을 물릴 줄 몰랐어요.

목사 사모를 소위 '그림자'라고 해요. 한국에서 사실 현모양처들이 다 그렇게 살죠. 남편 목소리, 남편 체면, 남편 권위, 남편의 말을 대변할지언정 자기주장을 하면 어떻게 되죠? 굉장히 부담되죠? 그렇게 살다 보니 자꾸 하고 싶은 말이 가슴에 쌓이는 거예요. 이 말 하면 불순종일까? 이러면 신앙심이 부족한 여자일까? 남편의 사랑을 잃을까? 고민하느라 말을 삼키는 거죠. 어떻게 되었을까요? 간암에 걸렸어요.

여러분, 지금까지 여자가 하는 설교를 얼마나 들어 보셨나요? 미사 집전하는 여성 보셨나요? 여성 스님의 설법은 좀 들었어요? 아니죠! 그걸 자연스럽게 여길 정도로 익숙하죠. 그런데 성경을 다시 연구해 보니까 그건 타락한 질서였어요. 남성이 권력을 독점하고 종교 경전을 가부장제와 짬뽕해서 여성을 지배하도록 만든 겁니다. "여성은 열등한 존재야. 여성은 남성을 따르는 게 본분이야." 이런 여성 혐오가 창조주의 뜻이라고 퍼뜨리며 장난친 거라고요.

성서를 보는 신학도 그래요. 해방신학도 있고 민중신학도 있고 페미니즘신학도 있어요. 가부장적인 종교 권력은 다른 관점을 다 이단시하고 목소리를 차단했어요. 제가 성서를 새롭게 살피고 목소리를 내니 부부 싸움이 났을까요, 안 났을까요? 네, 엄청나게 났죠. 제가 이혼하자고 했을까요, 안 했을까요? 이렇게 살 거면 갈라서자 했죠. 잘못 배운 걸 따를 수 없다, 이런 하나님을 뭐가 좋다고 믿냐, 그랬죠.

그런데 남편이 안 헤어지겠대요, 글쎄! 왜 안 헤어져? 제가 가만히 있지 않고 계속 목소리를 내는데, 그냥 버틸 수 있을까요? 그렇죠. 안 헤어질 거면 내 말 들어! 어떻게 됐을까요? 내가 가만히 안 있으니 나 자신이 변했어요. 당당해졌어요. 내가 변하면 세상이 어떻게 보인다? 그냥 둘 수 없죠. 바꿔야 할 대상으로 보이죠. 가정, 내가 있는 곳, 종교계도 다 바꿔야 할 세상이었어요. 아닌 걸 아니라고 말할 책임이 제게 있더라고요. 맞죠?

그런 목사 할 거면 때려치워! 이런 가부장적인 목사 때문에 한국 교회가 개독교 소리 듣는 거야. 그렇죠? 자기 스스로 안 바뀌면 내가 바꿔야죠. 개독교 안 되고 싶으면 페미니즘 공부해! 우리는 함께 페미니즘을 공부하고 토론하며 교회 문화를 바꿔 가고 있어요. 교회에서 페미니즘 토론하는 즐거움을 아시나요? "저 사모님 좀 이상한 거 아냐?", "사모가 미쳤대." 당연히 들었죠. 그런데 이런 소리도 들었어요. "와! 속이 시원하네. 예수가 그런 분이구나." 사람을 해방하고 구원하는 게 예수 복음 아닌가요? 그런데 왜 지금까지 교회는 여자들에게만 조용하라 하고 가만히 있으라 했죠? 그게 구원이고 해방인가요? 아니죠! 다 가부장제에 속은 거예요.

변화된 세상을 만들기 위해서는 먼저 나를 바꿔야 해요. 가정을 바꾸고, 교회를 바꾸고. 못 바꾸겠으면 어떻게 한다? 욕하고 떠나! 욕을 해야 해요. 이건 아니라고 욕을 안 하니까 세상이 안 변해요. 그 속에 있으려면 바꿔야 해요.

하나님은 남자와 여자를 자신의 형상으로 평등하게 창조했어요. 우리는 가부장제에 속아 산 겁니다. 그러니 집에서든 교회에서든 어디서든 말없이 설거지만 하지 말고 욕을 하세요. 이건 아니야! 예수 백 믿고 하나님 백 믿고 욕을 하고 문화를 바꾸자고요! 오케이?

살불살조, 화숙이는 복도 많지

〈찬실이는 복도 많지〉는 내 인생 후반전을 똑 닮은 영화였다. 거물 감독의 죽음으로 시작하는 영화라니, 무릎을 '탁' 치며 봤다. 회식 자리에서 감독이 픽 꼬꾸라져 급사하자 그의 밑에서 평생 영화 프로듀서로 일한 찬실은 '멘붕'에 빠진다. 어떻게 살 것인가? 이 깊고 넓은 질문을 평범한 인물들의 지리멸렬한 일상에 보물찾기처럼 숨겨 놓은 게 영화의 매력 포인트겠다.

"수처작주隨處作主 하니 입처개진立處皆眞이라. 그대들이 어디를 가나 주인, 주인공이 되니 자기가 있는 그곳이 모두 참된 곳이다."

찬실이 소피 방에서 우연히 읽은 문장이다. 당나라 시대 《임제록臨濟錄》에 나오는 말인데, '무위진인無位眞人(일체의 분별에서 벗어난 참사람)', '살불살조殺佛殺祖(부처를 만나면 부처를 죽이고 조사를 만나면 조사를 죽이라)'도 거기 나오는 말이다. 앞서가는 사람을 고분고분 따르라고 하는 대신 죽여 버리라고 가르치니 뒤집힌 세계관이로다. 감독의 죽음을 '살불살조'로 읽는 건 관객의 몫이다.

이희문이 부르는 '찬실이는 복도 많지' 타령도 빼놓을 수 없는 재미다. 자식도 남편도 없고, 집도 돈도 없는 찬실이가 복도 많단다. 어떻게? 역시 살불살조, 수처작주가 비밀이겠다. 부처입네 큰 선생입네 수의 송입네 하는, 그런 존재가 찬실이에게서 사라진 것이다. 판을 엎는 후반전, 그래, 화숙이는 복도 많지!

그건 가부장의 화신이었다

나와 효은, 그리고 연주네 부부가 25년 만에 한자리에 모인 건 선교 단체 후배 하영의 초대 덕분이었다. 지방 도시 연구소와 대학에서 일하는 하영 부부는 손님 대접과 교제를 즐겼다. 널찍하고 편리한 최신식 아파트 큰 창으로 산이 보이고 가을 햇살이 쏟아져 들어오고 있었다. 우리는 2박 3일 함께 묵으며 먹고 자고 산에도 갈 예정이었다.

"왔구나! 왔구나, 왔어!"

"초대해 줘서 고마워. 손꼽아 기다리는데 날짜가 너무 안 가서 미치는 줄 알았어."

"반갑다. 너무너무 보고 싶었어."

"세상에, 세상에! 어쩜 20대 때 모습 그대로잖아."

내 나이 54세, 간암 수술 후 3년 차, 직장 사표 내고 본격 자기 주도적 자연 치유 생활 2년 차였다. 운동과 독서, 토론과 글쓰기를 중심으로 살던 때였다. 갱년기 에너지까지 폭발해 나는 벌컥벌컥 분노하는 여자가 되었다. 내 주변도, 심지어 덕과의 관계도 분노의 대상이었다. 지난 삶에 자꾸 화가 나고 침묵하는 그림자 인생에 넌더리가 났다. 목사 따위, 사모 따위 다 개나 주라, 인간 대 인간으로 살 수 없다면 이혼하자, 날마다 덕과 싸우던 중에 떠난 여행이었다.

그건 내 사정일 뿐 강산이 몇 번 변하도록 못 보고 살던 벗들과의 만남은 즐거웠다. 미리 준비해 놓은 듯 식사 준비하는 하영의 손놀림에 여유가 있었다. 우리는 음식 준비와 상차림을 돕고 쉼 없이 웃고 떠들었다.

식탁이 거의 차려졌을 때 C가 사모 X와 함께 들어왔다. 하영 부부와는 가까이 지내며 오가는 사이였다. 나와는 거의 10년 만이고 효은과 연주네도 그 정도로 오랜만인 듯했다. 환대의 인사가 오가고 C 부부가 자리에 앉으니 '목자'와 '양들'의 만찬 자리가 되었다. 30년 전으로 시간 여행을 떠난 기분이었다.

"근데 사모님 팔 때문에 요즘 목자님이 가사노동 좀 하시겠네요?"

나란히 앉은 C와 X를 보며 내가 물었다. 오른팔에 깁스한 터라 왼손을 쓰고 있던 X가 기다렸다는 듯 말했다.

"아이고, 말을 말아. 앓느니 죽지. 앓느니 차라리 내가 죽지."

X는 눈을 흘기면서도 웃는데, C는 똥 씹은 표정을 했다.

"얻다 대고 명령질이야, 명령질이. 그러니 내가 안 하는 거 아냐."

나는 귀를 의심하면서도 더욱 쫑긋 세워 C의 말을 들었다.

"안 그래? 이거 좀 해 주세요, 부드럽게 부탁해도 할까

말까 한데, 이거 해! 저거 해! 명령질이냐고. 그걸 내가 왜 들어!"

위엄까지 더해진 C의 목소리가 식탁 위에 울려 퍼졌다. 우리 중 누구도 다음 할 말을 찾지 못하고 밥만 먹었다. 어쩐지 그 깁스가 자꾸 내게 말을 걸더라니. 머리가 맑아지고 수수께끼가 풀리는 기분이었다. 71세 남편이 40여 년 동반자 아내에게 하는 말을 보라. 안개가 걷히고 또렷한 실체가 드러나고 있었다. 그건 가부장의 화신이었다.

나한테 그따위로 말하지 마세요!

"백합교회 가 봤어? 그리로 가야지?"

식사를 마치고 차 한 잔씩 놓고 거실에 둘러앉았을 때였다. C가 나를 향해 질문인지 지시인지 모를 그 익숙한 화법으로 말했다. 나는 무슨 말인지 모르는 척 굴었다. 그러자 C가 본심을 드러냈다.

"백합교회로 옮겨야지? 가야 하는데, 드보라가 문제야. 따라갈 거냐가 문제라고."

고요했던 내 가슴이 순식간에 활화산으로 변해 버렸다. 이 정도로 마그마가 꿈틀대듯 벌렁거리는 가슴은 결코 그냥 진정되지 않는다는 걸 경험으로 알고 있었다. 계산하고 말 것도 없이 나는 말해야 했다.

"문제요? 제가 왜 문제인데요? 백합교회도 그 문제란 것도 좀 알고 싶어지네요."

내 말투가 심상찮게 들렸으리라. C가 짐짓 부드럽게 말했다.

"백합교회에서 정 목사 설교 좋다고 모시고 싶다 하더만. 가야지. 드보라도 따라가야지?"

"아뇨! 그럴 만하면 정 목사가 제게 의논했겠죠. 저는 아직 구체적인 얘기를 들은 바 없어서요."

백합교회는 덕이 시간강사 목사로 주일 예배 때 설교하는 서울의 작은 교회였다. 오전에 서울을 다녀오고 안산에서는 주일 오후에 예배한 지 1년이 넘었다. 덕이 그 교회로 가면 C에게 무슨 떡고물이 생기는지 모르겠지만, 내가 문제라는 그 말투야말로 그냥 넘길 수 없는 문제였다. 금방이라도 화산이 폭발할 듯 부글대는 가슴을 가라앉히려 깊은숨을 쉬어야 했다.

"정 목사가 간다면 드보라도 따라가란 소리지."

결국 화산이 폭발했다.

"아니, 왜 목자님이 저한테 가라 마라 끼어들어요? 정 목사는 핫바지인가요? 본인이 갈 만하면 저와 의논을 하든 같이 기도를 하든 해서 결정하겠죠. 근데 제가 문제라면서요. 그 얘기나 좀 들어 보자고요."

C와 X는 어안이 벙벙해 보였다. 둘러앉은 벗들도 마찬가지였다.

"이게 무슨 버르장머리야? 잘 새겨들으면 되지."

C가 하는 말마다 불에 기름을 끼얹는 소리였다.

"아뇨! 당신이야말로 내 말 좀 새겨들어요."

둘러앉은 친구들을 하나하나 바라보며 내쳐 말했다.

"어이, 친구들, 잘 좀 듣고 판단해 주라. 내가 도대체 뭐가 문제인지 몰라서 그래. 자, 말해 주시죠. 백합교회에서 어떤 조건으로 정 목사 오래요? 제시해 보시죠. 안산 집 전세 빼면 서울 가서 원룸도 못 구해요. 애 셋 데리고 아직도 가라면 가고 오라면 올까요? 우리가 어찌 사는지 당신이 알아요?"

나는 이미 미친년이었다. 나는 총을 겨누듯 그에게 집게손가락을 들이댔다.

"분명히 경고합니다! 나한테 그딴 화법으로 말하지 마

세요! 얻다 대고 문제 타령이야?"

C가 화난 얼굴을 감추지 못하며 말했다.

"나는 나대로 화법이 있는 거지. 내가 드보라 마음에 드는 화법으로 꼭 말해야 하나? 왜 저런 말씀을 하나 생각해 보면 안 되고?"

내가 고개를 저으며 단호하게 소리쳤다.

"아뇨! 당신이 생각해요. 또 그딴 식으로 말하면 가만두지 않을 겁니다. 알아들어요?"

C가 X의 손목을 잡아채곤 벌떡 일어서며 소리쳤다.

"가자!"

두 사람은 한마디 말도 없이 뒤도 안 보고 나갔다. 아무도 두 사람을 잡지 않았다. 자리에 앉기 무섭게 나는 효은과 연주에게도 용암을 분출했다. 1987년 일에 대해 친구로서 분명히 사과받고 싶다고. 두 친구는 뒤끝 작렬한다며 혀를 내두르더니, 시기심 때문에 그랬다고, 정말 미안하다고 사과했다. 우리는 포옹했다.

미쳐 버린 화숙이는 복도 많지. 살불살조, 2016년 9월 28일이었다.

고개, 숙이거나 빳빳이 들거나

이민진의 소설을 각색한 드라마 〈파친코〉 첫 회는 시장 장면으로 시작한다. 10대로 보이는 소녀 선자는 아버지를 따라 장을 보며 남의 흥정도 도우면서 시장을 휘젓고 돌아다닌다. 그때 제복 입은 일본 순사 둘이 저만치서 걸어오는 모습이 보인다. 장터 사람들은 하던 일을 멈추고 차례로 고개를 숙인다. 순사가 가까이 오자 아버지는 선자를 앞에 세우고 이렇게 속삭인다.

"선자야, 고개 숙여야지."

선자는 등을 아버지 몸에 바싹 붙이고 아래를 내려다보되 고개는 숙이지 않는다. 일본 순사들이 지나가자 씩 웃으며 그들을 일별한 후 나풀나풀 제 갈 길을 간다. 고개를 빳빳이 들고 사방을 마음껏 둘러보면서.

아버지는 왜 딸에게 고개 숙이라고 했을까? 선자는 왜 고개 숙이지 않았을까? 일본 순사 앞 조선 사람들만의 이야기가 아니다. 사람 위에 사람 있고 사람 아래 사람 있는 세상이었다. 사람 중에서도 여자는 남자 앞에서 고개 숙이는 게 당연한 시대가 있었다. 여자는 밖에 나다니려면 얼굴을 가리고, 남자가 지나가면 고개를 숙이고 눈을 내리깔아야 했다. 고개를 빳빳이 들고 나다니고 자기 의견을 분명히 말하는 여자는 혐오와 멸시의 대상이었다.

최은영의 장편소설 《밝은 밤》은 고개를 빳빳이 들고 다니는 여자들의 이야기다. 달리 보면, 당당한 인간으로 살고자 하는 여자들을 감당하지 못하는 남자들의 이야기이기도 하다. 식민지 시대부터 오늘까지 여성 4대가 "백 년의 시간을 감싸 안으며 이어 온 사랑과 슬픔의 기록"이다. 증조할머니, 할머니, 엄마 그리고 나. 이 모계 서사에 '외' 할머니란 차별적 이름이 끼어들 자리는 없다.

최은영 작가는 한 인터뷰에서 《밝은 밤》을 쓴 마음을 이렇게 표현했다. "사람들이 자신을 좀 더 다정하게 대했으면 좋겠어요." 여자들에게 결코 다정하지 않은 세상이란 말이었다. 작가는 여자가 말 많고 세면 좋지 않다고 배웠다. "분란 일으키지 마라.", '목소리 낮춰라.'라는 말에 익숙해지고 갈등을 회피하는 성격이 되었다. 그런 자신이 어느 날 너무 싫어서 좀 다른 여자들의 이야기를 쓰기로 했다.

작가는 선대 여성들의 입을 빌려 "세상에서 가장 무거

운 죄가 있다면 그건 여자로 태어나고 여자로 산다는 것"이라 말한다. 자신에게 가혹한 세상을 여자들이 말도 못하고 견뎌야 했다면, 그건 "살아남기 위해서 어쩔 수 없이 터득한 방법"이었을 거라고 말한다. 그러지 않으면 맞거나 이혼당하거나 아이를 빼앗기거나 경제적 토대를 잃어야 했기 때문이다. 여성들을 내몰아 그런 선택을 하게 한 사회의 책임은 묻지 않고 여성 개인에게만 탓을 돌릴 것인가? 소설은 끊임없이 질문을 던진다.

구조적 성차별은 없다고?

증조할머니 삼천이와 증조할아버지 이야기를 통해 작품으로 조금 들어가 보자. 증조할아버지는 양민으로서 백정의 딸인 삼천이를 '다 같은 천주의 자식'이라며 아내로 맞았다. 일본군 성 노예로 끌려갈 위기에서 삼천이를 구해 준 결혼이었다. 삼천이 당당하고 강인한 여성임을 알수록 남편은 불안했다. 남편으로서 일말의 권위마저 빼앗길까, 아내가 그를 비웃을까 두려웠다. 양민으로서 백정의 딸과 혼인하며 아내로부터 더 대접받고 더 고마운 소리를 듣길 기대했는데, 삼천이는 그러지 않았기 때문이다.

그는 만민 평등을 믿는 '신자' 아니던가? 안타깝게도 삼천이를 바라보는 그의 눈은 그의 지식과도 '믿음'과도 별개였다. 백정의 딸인 삼천이 어떻게 양민 남편 앞에서 당당하게 살 수 있지? 그는 익숙한 세계관을 버릴 수 없었다. 아무리 각성한 남편이라도 아내보다 위에 있어야 정상인 세상이었으니까. 백정의 딸 삼천이 고개를 빳빳이 들고 남편과 동등한 인간으로 사는 모습에 그는 화가 났다. 감히 처음부터 양민이었던 양 굴다니!

지난 대선에서 "우리나라에 구조적 성차별은 없고 차별은 개인적 문제"라 말하던 사람이 대통령이 되었다. 논란이 확산하자 그는 남녀 차별이 없다는 뜻이 아니라고 얼버무리며 "개인적 불평등에 더 집중해야 한다는 뜻"이었다고 말을 바꿨다. 개인적 불평등은 뭐고, 거기 집중한다는 말은 또 무슨 말일까? 구조적 성차별과 개인적 차별이 어떻게 관계없다는 말이지? 모호하고 뜻 모를 정치인의 말 잔치였다.

젠더 인식 또는 성차별에 대한 관점이 사람에 따라 다른 건 놀라운 일이 아니다. 100년 전 양민 남자가 백정의 딸 아내에게 느낀 불편한 감정을 보라. 사회적 지위와 입장에 따라 그럴 수밖에 없다. 문제는 다른 입장을 잘 모르면서도 낯선 목소리를 묵살하는 데 있다. 속담에 "제 배가 부르면 종 배도 부른 줄 안다."라고 하지 않던가. 늘 등 따습고 배부르게 산 사람이 배고픈 종의 입장과 사정을 어찌 알겠는가.

성차별과 여성 혐오는 그래서 결코 쉬운 주제가 아니다. 정황과 맥락이 있고 여러 사람의 입장이 보이는 소설 한 권이 백 권의 정치 이론서보다 좋은 이유다. 《밝은 밤》은 우리 사회의 젠더를 둘러싼 논란에 밝은 통찰을 제공한다. 나아가 역사와 개인의 삶은 어떤 관계인지 쉬운 이야기로 보여 준다. 사람과 사람이 연대하고 우정을 나누며 사는 세상을 꿈꾸는 모든 이에게 이 책을 추천한다. 이 책을 읽으면 마지막 책장을 덮기까지 여성을 향한 다정한 목소리를 들을 수 있다.

"고개, 숙일 것인가 빳빳이 들 것인가?"

아하! 그래서 내가 아프구나

"책 제목이 참 멋져요!"

"어떻게 그렇게 용감한 결단을 할 수 있었어요?"

《내 몸은 내가 접수한다》가 나온 뒤로 많이 듣는 칭찬이다. 나는 기쁘게 수긍하면서도 내가 특별히 용감했다기보다는 살자니 몸을 따를 수밖에 없었다고 대답하곤 한다. 그러면 그게 용기다, 좌절과 포기에 안 빠지고 지속하는 힘이 놀랍다는 칭찬이 또 돌아온다.

가족력 B형 간염 보유자가 50대에 간암 환자가 되었고, 단식 등 자연 치유로 항체를 얻고 간암을 극복했다. 감동적인 이야기임에 틀림없다. B형 간염은 현대의학이 못 고치는 자가면역 질환의 일종이다. 항바이러스제는 바이러스 농도를 낮춰 보려는 시도일 뿐 치료제는 아니다. 나는 항바이러스제를 안 쓴 덕에 자기 주도로 자연 치유를 했고 기적의 치유를 경험했다.

그건 '아하!'의 순간에서 시작되었다. 사과가 떨어지는 익숙한 장면에서 '아하!' 하며 과학 법칙을 발견했듯 말이다. 김현정의 《의사는 수술받지 않는다》는 의료의 기본은 병원도 의사도 아닌 환자라며 '병식病識 또는 통찰'을 설명한다. 환자 자신이 자신의 병을 어떻게 인식하느냐, 거기서부터 치료가 시작된다고 강조한다.

10년 전 나는 1차 의원에서 초음파 검사 결과 간에 종양이 의심된다는 진단을 받았다. 그리고 영상의학 전문의에게 가서 CT 촬영을 받았다. 3차 의료기관인 서울의 대형 병원에서 간암 절제 수술을 받기까지 두 주가 채 안 걸렸다. 넋이 나간 나는 병원에서 하라는 대로 할 뿐 내 몸이나 병에 대해서 무지 그 자체였다. 병식도 없고 의지도 없는 수동적인 환자였다.

수술하고 3개월 뒤 검사 결과를 보러 간 날이었다. 반차를 내고 안산에서 서울까지 온 환자를 앉혀 놓고 의사는 모니터만 보았다. 나는 몸 상태가 미덥지 않아 심란했다. 의사는 눈도 마주치지 않고 검사 결과가 다 좋으니 두 달 뒤에 오라고만 했다. 나는 구체적인 수치로 설명해 달라고 부탁하고, 수술한 부위는 잘 자라고 있는지 조심조심 물었다.

"그게 왜 궁금합니까? 내가 다 알아서 합니다."

의사가 버럭 했을 때 심장이 터질 듯 벌렁거리기 시작

했다. 진료실을 나오는데 몸이 후들거렸다. 저런 의사가 내 몸을 알아서 한다고? 나를 휘감은 낯선 감정은 분노였다. 생각해 본 적 없는 질문이 꼬리에 꼬리를 물었다.

"과연 병원이 내 병을 치료할까? 볼 수도 없는 MRI를 왜 찍지? 내 질문을 묵살하는 의사를 왜 찾아와야 하지?"

그건 내 몸의 아우성이었다. 이대로는 안 된다는 몸의 소리였다. 나는 충동적으로 의무기록 사본을 모두 뗐다. 번개가 치듯 '내 몸은 내가 접수한다!'라고 결심했다. 예상해 본 적 없는 일이 순식간에 벌어졌다. 통찰이 이어졌다.

'맞아, 내가 비굴한 삶을 살아왔어. 나를 함부로 대하는 저런 사람들을 견디는 게 신앙인 줄 알았어. 나를 낮추는 것만 미덕인 줄 알았어. 아하! 내 몸이 싫다는 거야. 그래서 아프구나. 더는 못 견디겠다고 아우성치는 거야. 그래, 여기 다시는 안 온다.'

그 전까지 내 병에 대한 인식은 막연히 '가족력 있는 B형 간염 보유자라 간암 환자가 되었다.' 정도였다. '아하!'의 순간, 나는 비로소 내 병식을 얻었다. 몸이 말해 주었다.

"비굴하게 사니 B형 간염이 안 낫지. 잠자는 몸의 면역 체계는 눌리고 무력한 내 인생과 꼭 닮은 꼴이다. 바이러스가 침입했는데 싸우지도 물리치지도 않는다고? 평생 간염 보유자로 살 거야? 잠자는 면역력이 깨어나 싸우면 B형 간염은 끝난다. 그래, 내가 달라져야 한다."

병식은 곧 내 삶에 대한 인식이었다. 이전의 삶에는 미련이 없어졌다. 떨쳐 일어나 내가 내 몸의 의사가 되기로 했다. 스스로 공부하고 내 몸을 존중하며 내 몸이 좋아하는 길을 찾아 따르기로 했다. 그리고 '용감한' 자연 치유 실천가요 내 몸의 의사로 지금까지 올 수 있었다.

한 조사에 따르면 사람들이 가장 많이 하는 새해 결심이 '건강'이라고 한다. 운동, 다이어트, 금연, 절주, 체중 조절 등등. 건강이란 무엇일까? 간단한 질문이 아니다. 몸은 통제와 관리의 대상일까? 건강을 위한 수단일까? 내 몸은 분명히 알게 했다. 몸의 소리를 듣고 반응하는 것, 내 몸과 함께 걷는 길, 거기 어디쯤에 건강이 있다고.

뻔뻔함이 우리를 치유하리라

글쓰기를 격려하는 명언 중 하퍼 리의 "글쓰기 재능을 연마하기 전에 뻔뻔함을 기르라고 말하고 싶다."라는 말을 가장 좋아한다. 글쓰기는 곧 의심을 물리치고 쓰는 일이기 때문이다. 스스로 글쓰기 재능이 있다고 자신하는 사람을 아직 만나 본 적 없다. 대작가는 스스로에게 충고하는 건지도 모른다. 글을 쓰려면 뻔뻔함 또는 배짱을 먼저 기르라고 말이다. 그 말은 곧 뻔뻔해 보일 정도로 자기를 믿으라는 말이겠다. 통념을 거스르는 용기, 남의 눈을 의식하지 않는 대범한 걸음, 누가 뭐라 하든 말든 내 글과 자신에 대한 굳건한 믿음을 갖는 것.

작가로서 가장 멋진 뻔뻔함을 나는 노벨 문학상 수상 작가 토니 모리슨에게서 보았다. "당신이 정말로 읽고 싶은 책이 있는데 아직 그런 책이 없다면 당신이 직접 써야 한다." 얼마나 당당한가. 그는 노예의 후예인 흑인 여성으로 백인이 쓴 흑인 노예 이야기와는 차원이 다른, 그만이 쓸 수 있는 작품을 써냈다. 《빌러비드》를 읽은 독자라면 고개를 끄덕일 것이다.

나도 암 환자가 되고서야 내가 간절히 읽고 싶은 책이 이 세상에 없다는 사실을 놀라며 확인했다. 아내가 해 주는 밥 먹고 수발 받은 남성이 쓴 치유기는 많은데 여성의 암 생존기는 보이지 않았다. 나 같은 중년 여성이 쓴 몸 이야기, 치유 이야기를 간절하게 읽고 싶었다. 병원과 의사에 휘둘리지 않는 자기 주도적인 자연 치유 이야기, 몸과 마음을 회복하면 삶이 어떻게 달라지는지에 대한 이야기. 그런 책이 없어서 결국 내가 쓰기로 마음먹었다.

책 쓰기를 배운 적도 없고 문학을 전공하지도 않은 아줌마 암 환자에게 필요한 재능은 오직 뻔뻔함이었다. 글쓰기 실력은 작은 문제로 보였다. 내 안의 목소리가 절박하게 말했기 때문이다. 내가 느낀 대로 발화하는 게 몸이 살길이라고 말이다. 내 목소리를 죽이면서 나를 사랑한다고 할 수 있을까? 나를 사랑하지 않는데 나를 지으신 창조주를 사랑한다? 어불성설이었다. 그렇게 뻔뻔함이 전작 《내 몸은 내가 접수한다》를 쓰게 했다.

내 탓은 무슨!

글쓰기에만 뻔뻔함이 필요한 건 아니다. 자기 자신을

믿는가? 자기 몸의 소리를 듣는가? 기독교에서는 다소 논쟁적인 화두일 수 있겠다. "자신을 부정하고 하나님을 믿어야지."라는 훈계부터 "전적으로 타락한 인간이 자기 몸을 의지하는 거야말로 죄!"라는 설교까지 귀에 들리는 듯하다.

그날의 《내 몸은 내가 접수한다》 북토크는 뻔뻔함 잔치였다. 근육 강직 증후군을 앓고 있는 가수 셀린 디옹 이야기로 내 치유 이야기를 시작했다. 저 유명한 〈타이타닉〉 주제곡을 부르는 셀린 디옹을 다시 볼 수 있길 기원하는 마음에서였다. 근육 강직 증후군도 B형 간염처럼 자가면역 질환의 일종이라는 공통점 때문이었다.

우리 몸의 면역 체계가 오작동해 자기 몸을 해치는 게 자가면역 질환이다. 그 자체도 난치지만, 또 다른 난치병의 원인이 되니 더 문제다. 현대의학은 자가면역 질환을 난치병으로 분류한다. 답을 못 찾았다는 말이다. 그 종류도 나날이 늘고 있다. 한 가지 특이점은 여성이 남성보다 세 배 많이 앓고 있다는 통계다. 왜 그럴까? 이 질문에 이상구의 《불치병은 없다》는 자가면역 질환 여성 환자들의 공통점을 다음과 같이 말한다.

"스스로를 탓하는 사람, 화가 나도 잘 참는 사람, 자기 표현을 잘하지 못하는 사람, 피해의식이 강한 사람. 즉, 정신적인 갈등이나 스트레스, 고통이 T-림프구에 영향을 미친다."

낯설지 않은 특징들 아닌가? 나도 그런 삶을 살았노라고 독자들 앞에서 고백했다. 암 수술을 하고서야 내가 잘못 살았구나 깨달았다. 나를 탓하고 감정을 억누르는 건 결코 신앙도 미덕도 이웃 사랑도 아니다. 왜 여성들은 그렇게 살까? 여성에게 탓을 돌리고 목소리를 내지 못하게 하는 구조를 봐야 한다. 불평등에 분노하고 행동해야 한다. 뻔뻔함이 우리를 치유하리라.

"자꾸 울음이 나오려 해서 질문도 못 했어요. 작가님, 정말 고마워요. 오늘 강의는 제 인생 방향을 바꿔 줄 것 같아요. 한 가지 결단했어요. 나중에 따로 소식 드릴게요."

저자 사인 시간에 내 귀에 속삭이던 목소리다. 북토크 내내 금방이라도 울음을 터뜨릴 듯 이슬 맺힌 눈으로 듣던 분이었다. 구조적 성차별은 없다는 이 나라에서 여자, 엄마, 아내로 살아온 우리는 서로에게 용기였다. 우리는 포옹하고 친구가 되었다. 그는 그 밤에 SNS로 내게 사진과 글을 보내왔다. "내 탓이오."라 새겨진 원목 현판 사진에 유쾌한 설명이 이어졌다.

"이거 쳐다보며 맨날 자신을 탓했더랬어요. 이젠 안 하기로 했어요. 떼다 버렸어요!"

4월엔 별과 함께 춤을

꽃 피고 잎 자라는 4월이 익어 간다. 겨울을 버려 낸 삼라만상이 노래하고 춤추는 계절이다. 봄까치꽃, 민들레, 붉은토끼풀… 안산천 변에 핀 작은 꽃들이 나날이 활짝 웃는다. 이런 계절을 어찌 무심히 지나치랴. 봄볕 아래 나는 팔다리를 흔들고 춤을 추며 걷는다.

"춤 잘 추시네요. 참 보기 좋아요!"

신나게 몸을 흔들며 걷다 보면 이런 인사를 듣기도 한다. 나는 더 큰 웃음과 몸동작으로 화답한다. 맞다. 나는 춤을 좋아한다. 내 기분대로 몸을 움직이는 게 즐겁다. 춤을 잘 추고 싶다. 사람은 말하는 존재라지만, 몸은 말로 할 수 없는 말을 한다. 그래서 춤이 좋다.

춤에 입문한 여고 2학년 봄이 생각난다. 딱 이맘때가 수학여행의 계절이었다. 장기 자랑 준비 단계에서 우리 반 춤꾼 명희가 장기 자랑 춤 팀에 들어오라고 제안했다. 나는 그때까지 춤이라곤 배워 본 적도 춰 본 적도 없는 범생이었다. 그런데 몸이 반응했다. 같이 춤추라고.

명희는 다른 친구 셋과 함께 장기 자랑 계획을 다 짜 두고 나를 영입한 것이었다. 내게 춤을 가르쳐 주고 캐릭터를 살려 재미를 더하겠다는 계획이었다.

"우리는 거지 춤꾼들이고 화숙이가 거지 대장으로 마지막에 등장하는 거야. 잘 추는 우리가 분위기 만들어 놓으면 각설이 한복 입고 네가 나와서 난장판으로 같이 춤추고 놀면 돼."

의기투합한 다섯 가시나들이 명희네 자취방에 매일 모였다. 다이아몬드 스텝도 모르는 나를 가르치는 일부터 시작했다. 어라? 낯선 춤동작이건만 따라 하니 재미있었다. 금방 한 팀이 되어 춤을 즐겼다. 수업 중에도 어서 춤추러 가기만을 기다릴 정도였다.

다섯 소녀의 춤판은 수학여행 가는 기차 안에서부터 이미 폭발했다. 알고 보면 슬픈 가사인데 '원 웨이 티켓'에 그렇게 신나게 춤을 추다니. 객차 통로를 우리 춤 팀이 싹 접수해 버렸다. 담임 선생님의 외침이 기억난다. "와, 화숙이는 하와이 가야겠네. 춤을 언제 저래 배웠노!" 수학여행 마지막 밤 장기 자랑은 어찌 되었을까? 거지 각설이 우리가 최우수상을 받았다.

춤추던 10대는 춤추는 어른으로 살았을까? 나는 춤은 고사하고 목소리도 없는 '순종적 청교도'처럼 살았다(청교도가 모범 신앙이라 배웠으니 더 말을 말자). 성차별에도 권위주의에도 침묵하는 여자가 무슨 춤을 추겠는가. '간이 배 밖에 나온' 중년이 되어서야 다시 춤바람이 났다.

여고 수학여행의 추억을 불러낸 건 다큐멘터리 영화 〈장기 자랑〉이었다. 연극 하는 세월호 엄마들 이야기다. 세월호 참사로 아이들을 잃고 무슨 노래며 춤이냐던 분들이 노란리본 극단에서 연극을 하고 있다. 그 기록이 영화가 되었다.

단원고 아이들이 제주도로 수학여행 가며 준비하던 장기 자랑이 영화 제목이 되었다. 내 여고 시절과 달리 그 아이들은 장기 자랑을 못 하고 별이 되었다. 유가족 엄마들이 단원고 교복을 입고 아이 이름표를 달고 연기했다. 다

투고 화해하며, 울고 웃으며 노래하고 춤추는 이야기다.

부활절이 있는 4월이다. 겨울을 견뎌 내고 다시 와 준 봄이 고맙다. 이 계절을 즐거워하자. 죽음과 부활을 알고 경험하는 계절이면 좋겠다. 아프고 슬픈 이웃, 죽음의 고통 중에 있는 이들을 기억하면 좋겠다. 우는 이들 곁에 서는 4월이면 더 좋겠다. 별과 함께 춤을, 부활의 춤을 추자!

나? 포모인데 조모해

"역시 엄만 ENFP라니까."

"고거 참 재미있네. 다른 검사인데 결과는 같아!"

딸이 해 준 성격 유형 검사는 이번에도 같은 결과에 도달했다. 젊은이들이 SNS로 즐긴다는 MBTI 검사였다. 길게 생각할 필요 없이 느낌대로 답하다 보면 결과는 매번 ENFP로 나왔다. 재미로 한다지만 자신을 새로 알게 된 양 즐거웠다.

내 성격은 외향적(E), 직관적(N), 감정적(F), 인식적(P)으로 요약된다. 설명에 따르면 "활기차고 사람과 대화를 좋아한다. 문제 해결을 즐기고 연결을 좋아하며 미래 지향적이다. 사실과 논리보다는 주관적인 원칙에 집중한다. 즉흥적이며 유연하게 생각하니 규칙을 싫어한다."라고 한다.

  누구에게나 단점이 있는 법. 작가로서 글에 집중해야 할 때는 내 성격 자체가 단점이 된다. 생각이 산만해 배가 산으로 가다 용두사미로 끝나기 십상이다. 다른 사람의 의견에 공감하고 수용적이니 자신과 타인을 분리해 생각하기 어려운 점도 이런 성격의 약점이다.

  "나는 당신이 알고 있는 그 누구도 아니다."라는 카피에 끌려 영화 〈아임 낫 데어〉를 보았다. 나는 누구인가? 늘 하는 질문이지만 남이 규정하는 나를 또 낯설게 본 적 있을 것이다. 영화는 불가사의한 음유시인이자 노벨 문학상 수상자이기도 한 가수 밥 딜런의 삶을 여섯 명의 배우가 연기로 보여 준다. 특히 내가 좋아하는 배우 케이트 블란쳇의 소름 돋는 연기에 빠져들지 않을 수 없었다. 영화에서 밥 딜런은 시인, 예언자, 무법자, 사기꾼, 은둔자, 깡마른 백인 남자로 나온다. 그러나 그 어느 페르소나도 밥 딜런이 아니란다.

영화가 "나는 당신이 알고 있는 그 누구도 아니다."라고 나 대신 말해 주어서 좋았다. MBTI의 네 글자 검사 결과로 요약되기엔 나란 존재가 너무 다면적이다. MBTI는 나로 들어가는 참 좋은 열쇠이긴 하지만 막상 열고 보면 그곳에 나는 없을 수도 있다. 최승자의 시 '일찍이 나는'을 내가 좋아하는 이유다. 시인은 나를 제대로 알아 달라 구걸하지 않고, 나를 안다고 말하지 말라고, 나는 너를 모른다고 일갈한다. 보고 싶은 대로 편집한 나를 나라고 말하지 말란다. 나 역시 다른 사람을 그렇게 착각한다. 나도 나를 모르는데 내가 너를 어찌 알랴. 나는 나로 살고자 애쓸 따름이다.

낯선 나를 발견하면 즐겁다. 아주 외향적인 내게 극내향성도 있다. 감정과 직관을 따라 자유롭게 움직이지만, 논리적이고 분석적인 면도 있다. 온 세상 사람들과 손잡고 연결되길 좋아하지만, 고립과 고독도 즐긴다. 용두사미에 무책임, 충동과 즉흥으로 배가 산으로 가지만, 거기서 예기치 못한 변화와 창조를 경험하니 좋다. 남의 눈에 예민해 나 자신과 남을 분리하지 못하고 종노릇하기 딱이지만, 공감 백배 연대의 손을 잡는 나를 칭찬하고 싶다. 나도 몰랐던 내가 약한 나를 돕고 강한 결단도 하게 한다.

포모에서 조모로, 낯선 나를 만나다

활동적인데 작가씩이나 하자니 얼마나 산만할까. 혼란스러운 나를 있는 그대로 사랑하는 것 말곤 길이 없었다. 요즘 같은 SNS 시대에 나는 딱 포모FOMO, Fear Of Missing Out로 살 팔자인 셈이다. 수시로 정리하고 관리하지만 스무 개가 넘는 단톡방에서 항상 알림이 울린다. 나만 모르고 뒤처질까 봐 대화에 끼고 질문하고 수다를 즐긴다. 핫한 드라마라면 몇 회만이라도 몰아 봐야 안심이 된다. 거기다 추천 본능까지 있으니 어느새 일정이 늘고 써야 할 글은 또 밀린다.

글은 엉덩이로 쓴다는데 분주히 싸돌아다니니 글이 술술 써질 리가 없다. 활동만 열심히 하고 만족하면 좋으련만, 이게 내 인생의 딜레마요 숙제다. 글을 못 쓰면 내가 나를 더 모르겠고 헛산 거 같으니 어쩌랴. 고맙게도 내 몸 어디선가 공허한 바람 소리가 난다. 이때다, 즉흥적으로 결단한다. 좀 끊고 내 안에 집중하고 글을 쓸 때라고 말이다.

지난 연말 한 달간의 '내 몸 사랑 자연 치유 겨울 여행'

도 그렇게 이루어졌다. 어느새 암 수술 후 10년, 건강한 내 몸의 소리 덕분이었다. 출판사와 약속한 후속작에도 집중하지 않으면 후회할 터였다. 3년 만의 자연 치유 여행 첫 10일간은 영덕 자연생활교육원에서 순식물 자연식을 먹으며 산을 타고 글을 썼다. 물론 집중하는 데 시간이 걸렸다. 다시 10일간은 서천의 단식원에서 물에 희석한 산야초 효소를 수시로 마시며 몸속 찌꺼기를 배설하고, 등산하고 온열 테라피를 하며 보냈다.

연말 모임을 다 빠지고 떠나왔다고 글이 일필휘지로 잘 써질까? 아니었다. 내 가슴과 뇌와 온몸과 정신이 반응하기까지 집중이 필요했다. 확실히 9년 전 3주 단식보다 3년 전 2주 단식이 가벼웠고, 이번 10일 단식은 시시할 정도였다. 점점 자신에게 몰입할 수 있었다. 2킬로그램 정도 가벼워진 몸으로 돌아왔다. 크리스마스를 가족과 함께 보내고 열흘간 가벼운 보호식을 먹으며 새해를 출발할 수 있었다.

자연 치유 실천이 준 최고의 선물은 조모JOMO, Joy Of Missing Out가 아닌가 한다. 내 몸과 마음의 면역력이 날로 강해지니 끈기 있게 밀고 나갈 힘이 된다. 병원 중심,

약 중심의 현대의학을 떠나 내가 내 몸의 의사가 되는 삶은 좁은 길을 닮았다. 다시 말해 많은 사람의 시선과 평가와 유행에서 벗어날 수 있는 복된 길이다. 상업적인 것들이 매력적으로 보이지 않으니 창조주가 주신 맑은 공기와 물과 햇빛이 더욱 고맙다. 자연과 소통하는 즐거움을 감히 화려한 SNS에 비하랴. 자발적으로 고립에 빠져든다. 내 몸의 소리에 귀 기울여 반응하며 적정량 먹고 잘 비워낸다.

조모의 힘은 일상에서 더 진가를 발한다. 몸과 마음이 서로의 소리에 잘 반응하니 집중력이 최고조다. 모임에 못 나간다고 말하기가 두렵지 않은 낯선 나를 만나며 글에 집중하고 있다. 나? 포모인데 조모해!

에필로그

소원을 말해 봐!

부끄러움을 피할 수 없는 글쓰기였지만 더없이 행복한 여정이었다.

지나온 삶에 드리운 그림자를 똑바로 응시하는 게 가장 힘들었다. 나도 몰랐던 나를 마주하게 될 땐 구토할 정도로 괴로웠다. 지금 아는 걸 그때도 알았더라면, 이 말을 되뇌며 멍하니 시간을 죽일 때도 있었다. 옛 편지를 공개할 땐 피하고 싶었다. 34여 년 전에 쓴 건데 조선 시대 글을 읽는 기분이랄까. 초고를 읽은 가족들도 "도저히 못 읽겠다."라는 반응이었다. 짝꿍 덕은 자기가 쓴 편지는 건너뛰고 읽을 정도였다.

《숙덕숙덕 사모의 그림자 탈출기》는 내가 죽기 전에 꼭 쓰고 싶다던 그 이야기다. 쓴다고 말은 했지만 정말 책으로 나올 수 있을지 장담할 수 없었다. 가볍지 않은 내용에다 폭풍 집중 연재까지 했다. 후반에는 한 주에 네 편까지 연재하며 달렸다. 몸이 안 따라 주거나 주변에 변수가 있었다면 끝까지 못 왔을 것이다. 점점 가뿐한 몸과 마음으로, 감사하며 끝낼 수 있었다.

내 인생에 천사로 나타났던 '사마리아 사람들'에게 먼저 감사한다. 나를 수단이 아니라 한 인간 존재로 지지하고 도와준 손길 덕에 여기까지 왔음을 고백한다. 지금 여기서 숙덕과 함께 하나님 나라를 꿈꾸고 만드는 우리 교회 식구들에게 감사한다. 목사와 사모를 향한 숙덕숙덕 소리 너머 새 길을 보니 고맙다. 교회 안팎의 벗들이 6년째 한 달 한 번 페미니즘과 기독교의 맥락을 토론하는 '백합과 장미'가 고맙다. 연대하는 손길 여신협 벗들에게 감사한다.

어리고 부족한 나를 거쳐 가며 나를 자극하고 확장하도록 도와준 분들께 감사한다. 폴란드에서 돌아와 함께했던 공동체가 고맙다. 익숙한 걸 바꿀 용기가 없어 상처를 대물림할 뻔했던 게 미안하다. 숙덕의 가정교회 시절 함께한 벗들이 고맙다. 물심양면 받은 은혜가 날로 크게 느껴진다. 이름 없이 빛도 없이 숙덕을 지지하고 후원해 준 손길에 머리 숙여 감사한다.

안산여성노동자회, 함께크는여성울림, YWCA 등 내 힘이자 활동 마당인 안산의 단체들이 고맙다. 글벗으로 같이 읽고 합평해 주는 '수글수글'이 고맙다. 별을 품은 사람들, 4.16안산시민연대, 4.16합창단에서 세월호의 별들을 기억하고 함께 노래하는 복에 감사한다. 늦은 밤 토론하다 잠시 쉬는 책살림 벗들이 고맙다. 지난 8년간 함께 성장해 온 안산여성노동자회 페미니즘 토론 모임 '이프'가 고맙고 자랑스럽다. 우리는 모두 서로에게 용기다.

가장 가까운 내 우군, 가족들에게도 감사를 전한다. 쇠약한 몸으로 딸을 응원하고 지켜봐 주는 친정엄마가 고맙다. 큰아들의 돌봄에 만족하며 내게 큰며느리 노릇을 요구하지 않는 시엄마가 고맙다. 나와 함께 낯선 길을 가며 깨지는 걸 개의치 않는 짝꿍 덕이 고맙다. 우리가 만들어 갈 새 길이 날로 더 기대된다. 바쁜 수험 생활 중에 이 책의 제1 독자로 꼼꼼히 읽고 퇴고를 도와준 딸이 고맙다. 엄마의 돌봄에서 일찌감치 독립한 멋진 두 아들이 고맙다.

단체도 회사도 다 어렵다는데 무명 작가의 목소리에 귀 기울이고 책을 또 한 권 내는 출판사 생각비행에 감사한다. 엄청난 분량의 초고를 편집한 수고에 감사의 말이 모자란다. 마지막으로 내 글을 읽는 모든 분께 감사한다.

인생 소원 1번을 이룬 너, 다음 소원을 말해 봐! 나는 주저 없이 답한다. 글쓰기! 독자와의 공명이 즐거워서, 또 새 책을 쓰고 싶다고.

숙덕숙덕 사모의
그림자 탈출기

초판 1쇄 인쇄 | 2024년 6월 19일
초판 1쇄 발행 | 2024년 6월 26일

지은이 김화숙
편집 조성우, 손성실
디자인 권월화
일러스트 신병근
펴낸곳 생각비행
등록일 2010년 3월 29일 | 등록번호 제2010-000092호
주소 서울시 마포구 월드컵북로 132, 402호
전화 02) 3141-0485
팩스 02) 3141-0486
이메일 ideas0419@hanmail.net
블로그 ideas0419.com

ⓒ 김화숙, 2024
ISBN 979-11-92745-27-5 03230

책값은 뒤표지에 있습니다.
잘못된 책은 바꾸어 드립니다.